Apprendre

à rédiger des notes
d'observation au dossier

Guide à l'usage des élèves infirmières
3ᵉ édition

Volume 1

Yvon Brassard

Données de catalogage avant publication (Canada)

Brassard, Yvon, 1953-
Apprendre à rédiger des notes d'observation au dossier
3e éd.-
Comprend des réf. bibliogr. et des index.
Sommaire : v. 1. Guide à l'usage des élèves infirmières-
v. 2. Guide à l'usage des élèves infirmières.

isbn 2-921180-67-7 (v.1) - isbn 2-921180-68-5 (v.2)
1. Soins infirmiers - feuilles de soins - Guides, manuels, etc. 2. Dossiers
médicaux - Guides, manuels, etc. I. Titre

(C) Copyright Loze-Dion éditeur inc.
95, Saint-Sylvestre, Longueuil (Québec) J4H 2W1
téléphone (450) 679-1955
fax (450) 679-6339
e-mail lozedion@lozedion.com

Dépôt légal - troisième trimestre 2000
Bibliothèque nationale du Canada
Bibliothèque nationale du Québec

isbn 2-921180-67-7

1234567890 - UC - 9876543210

Préface

D'abord, apprendre à rédiger des notes d'observation au dossier puis, les rédiger et, de nouveau apprendre en cours d'emploi, se perfectionner... Quelle plaie, si vous me passez l'expression ! C'est sans compter les « Je n'ai pas le temps », les « Pourquoi ? », les « N'est-il pas plus important que je consacre le peu de temps que j'ai auprès du malade ? », les « Vous ne trouvez pas qu'on m'en demande déjà assez ? », et j'en passe. Des questions légitimes, des réflexions forts pertinentes qui, chacune à leur manière, méritent certainement d'être prises en considération. Mais, rédiger des notes d'observation au dossier, est-ce vraiment un mal nécessaire ? Pour tenter de répondre à cela, je dois revenir avec vous sur la question du devoir de rédiger ces notes, revenir à la source en quelque sorte, et vous proposer une autre façon de le concevoir, de l'appréhender, de le vivre ... si la chose est possible. Un devoir est une obligation, c'est ce que l'on doit faire. On doit le faire soit parce que la loi nous l'impose - comme c'est clairement le cas ici du reste - ou soit parce qu'on se fait un devoir de le faire, malgré le fait que ce soit parfois, voire souvent, vécu comme une corvée. Pourquoi, dans de telles circonstances, je devrais me faire un devoir de rédiger des notes d'observation ? Là, soyons honnête, soyons réaliste : le seul fait que la loi vous y oblige est peut-être une raison, une condition nécessaire mais, à mon sens, compte tenu de mon expérience avec vous, sur le terrain, il ne constitue pas une raison suffisante pour vous motiver réellement, à changer vos attitudes et vos comportements face à cette tâche, par ailleurs, extrêmement difficile.

Quand on y réfléchit bien ou, peut-être surtout, quand on y réfléchit autrement, le devoir de rédiger des notes d'observation pour l'infirmière - et pour toutes les catégories de professionnels en général - est à la fois un devoir envers soi-même et un devoir envers l'Autre : le malade, les membres de son entourage, les personnes qui seront peut-être un jour confrontées à consentir ou à refuser des soins et des traitements au nom du malade, les professionnels et personnels avec qui je travaille et, bien que cela puisse paraître surprenant, les collègues en général, c'est-à-dire, les membres de ma profession. Je m'explique.

Dans un premier temps, si le devoir de rédiger des notes d'observation est envisagé sous l'angle d'un devoir envers soi-même, il témoigne d'un engagement formel, moral, que je prends face à moi en tant que professionnelle. J'ai spontanément envie de vous rappeler l'histoire de Narcisse, un personnage de la mythologie, qui s'éprit de lui-même en se regardant dans l'eau d'une fontaine, et fut changé en la magnifique fleur odorante qui porte depuis lors son nom... On

3

dit qu'une image vaut mille mots ! En effet, à mon sens, il faut concevoir et voir les notes d'observation comme étant fondamentalement un reflet. Un reflet bien sûr de l'Autre, la personne soignée, mais aussi un reflet de ce que je suis et de ce que je ne suis pas sur le plan professionnel. Souvenons-nous, un reflet est une image réfléchie, généralement atténuée certes, mais tout de même un écho, une imitation, une représentation.

Or, quand je lis les notes d'observation que j'ai rédigées, est-ce que je peux affirmer, seule à seule avec moi-même, qu'elles reflètent ce que je suis, ce que je fais ? Sont-elle une représentation juste des savoirs, des savoir-faire et des savoir-être que j'ai acquis et appliqués dans la relation soignant-soigné ? Au fond, en peu de mots, me rendent-elles justice ? Si elles ne sont qu'un pâle reflet de ce que je suis en tant que professionnelle, je ne peux pas accepter, par respect pour moi, que cette situation reste inchangée. Si, au contraire, ce reflet est éclatant, je ne peux que m'en réjouir.

Dans un second temps, si le devoir de rédiger des notes d'observation est envisagé sous l'angle d'un devoir envers l'Autre, il témoigne d'un engagement formel, moral, que je prends face à l'Autre, face aux autres, dans l'exercice de ma profession. Face à la personne soignée, dans l'accomplissement de mes fonctions indépendantes et dépendantes, elles doivent témoigner de ma compétence professionnelle au sens le plus large du terme et de mon engagement face au respect et aux besoins de cette personne ainsi qu'aux personnes qui l'entourent si elles étaient un jour appelées à prendre le relais de sa parole, à devenir son porte-parole. Est-il nécessaire de rappeler que les notes d'observation au dossier forment une source d'information majeure pour elle dans l'exercice de son autonomie ? Je peux donc, en tant qu'infirmière, prendre conscience que les notes que j'ai soigneusement colligées, peuvent servir les intérêts de la personne soignée dans la quête d'informations qui lui permettent d'exercer véritablement sa liberté, de faire des choix qui soient respectueux de ce qu'elle est, de ce qu'elle souhaite, d'assurer ses droits à l'autodétermination et, partant, du droit qu'a toute personne à la dignité humaine. En l'absence d'informations complètes et pertinentes, aucune personne ne peut véritablement exercer quelque pouvoir sur sa vie. Or, en tant qu'infirmière, j'ai délibérément choisi d'être au service de cette personne. Encore une fois, mes notes d'observation, leur contenu, leur qualité, sont-elles un reflet de cet engagement à la fois important, difficile et combien méritoire ?

Même raisonnement quand arrive le moment pour l'infirmière d'exercer son rôle interdépendant, c'est-à-dire le rôle actif et essentiel qu'elle doit jouer au sein de son équipe. Sans ce reflet, sans des notes d'observation encore une fois complètes et pertinentes, répondant aux exigences du « Quoi dire » et du « Comment dire », l'infirmière ne remplit pas adéquatement le devoir qu'elle a face à tous les membres de l'équipe dans la poursuite de l'objectif crucial de répondre aux besoins de la personne soignée et des membres de son entourage.

Face aux collègues et face à l'image de la profession d'infirmière de façon générale cette fois, il est essentiel de prendre conscience que la reconnaissance du caractère professionnel des services infirmiers, encore malheureusement fragile auprès du public et de l'État dans la mesure où, dépend de toutes les images projetées par toutes et chacune des infirmières. Vous savez mieux que moi que de cette image dépend largement l'acquisition des moyens, des conditions salariales et de travail, qui vous permettent d'exercer de façon satisfaisante la carrière professionnelle que vous avez un jour choisi d'exercer... En ce sens, les enjeux plus politiques ne sont probablement pas si éloignés de votre activité quotidienne. Ils constituent une autre facette des devoirs envers soi-même et envers l'Autre.

Enfin, je m'en voudrais de passer sous silence la question des limites du reflet, des limites du pouvoir réfléchissant de cet outil que sont les notes d'observation. Il faut penser que la définition du verbe « refléter » porte en elle-même cette limite. En effet, refléter c'est réfléchir de façon atténuée et plus ou moins vague, c'est traduire, reproduire comme je le disais plus tôt. Or, une reproduction n'est jamais qu'une reproduction ! Pour certains, les mots ne sont, somme toute, qu'un pâle reflet de la pensée. Que dire alors de leur couleur quand il s'agit de rendre compte d'une réalité aussi complexe que celle de la relation soignant-soigné ...

Cela étant dit, je passe sur-le-champ à la question non moins importante et non moins difficile des moyens, des outils, que vous avez à votre disposition pour réaliser pratiquement ces devoirs ambitieux, voire ces défis. C'est précisément là que, pour moi, l'ouvrage d'Yvon Brassard prend tout son sens. Il a le mérite, dans ses enseignements, sa recherche et ses publications, dont la publication de ce Guide, de chercher sans relâche à fournir à ses collègues, avec un sens pédagogique impressionnant, les moyens les plus efficaces pour leur permettre d'atteindre concrètement leurs objectifs, les objectifs inhérents à l'exercice de la profession d'infirmière. Aux grands maux donc, les grands moyens ! C'est pourquoi je salue, en Yvon Brassard, notre maître de la rédaction des notes d'observation au dossier !

Me Martyne-Isabel Forest, LL.M. et avocate
Droit de la santé et des personnes
Droit gériatrique et humanisation des soins

Table des matières

« Il n'y a qu'une chose qui puisse rendre un rêve impossible : c'est la peur d'échouer. »

Paulo Coelho, L'ALCHIMISTE

À mes élèves, passées, présentes et futures

AVANT-PROPOS

Le travail quotidien de l'infirmière est rempli d'obligations tout aussi importantes les unes que les autres. Les responsabilités qui en découlent sont de plus en plus grandes et exigeantes, voire complexes. La rédaction des notes d'observation au dossier du client n'y échappe pas. Visant à transmettre des informations spécifiques sur sa condition, cette tâche représente donc un aspect fondamental de la communication professionnelle. À cet égard, les inscriptions au dossier doivent montrer l'évaluation continue de l'état du client. C'est non seulement utile à l'identification des problèmes infirmiers, mais cela témoigne également des éléments justifiant les décisions et les actions de l'infirmière au regard de ceux-ci. La préoccupation de rendre compte objectivement des situations de soins doit être la principale motivation à écrire des notes de qualité. A priori, ce miroir de la pratique professionnelle est un fidèle reflet du jugement clinique de l'infirmière et, a posteriori, du caractère autonome de notre profession.

On s'entend pour affirmer que le client est au cœur de nos préoccupations. La relation privilégiée de partenariat que l'infirmière crée avec lui contribue à choisir des activités de soins susceptibles de l'aider à se prendre en charge concernant ses besoins de santé. Peu importe la manière d'organiser ses inscriptions au dossier, le souci d'illustrer la situation clinique actuelle du client et la contribution des soins infirmiers doit transparaître. Nous avons choisi de développer la méthode narrative de rédaction des notes d'observation parce qu'elle est très connue. Les données y sont rapportées dans une suite détaillée de faits.

Nous croyons que l'observation écrite a une valeur inestimable dans la compréhension de la condition globale du client. Nous voulons également démontrer que le jugement clinique de l'infirmière se reconnaît aussi à travers ses écrits. Pour cela, il est important de développer l'habileté à trouver *quoi* écrire et *comment* le faire, car comme le disait Boileau : *"Ce que l'on conçoit bien s'énonce clairement et les mots pour le dire arrivent aisément".*

Puisse ce document vous aider justement à trouver les mots pour le dire.

Yvon Brassard inf., M.Éd., D.E.

INTRODUCTION

Lors de vos stages dans les différents milieux où oeuvrent les infirmières[*], vous préciserez votre perception de la profession que vous avez choisie. Vous réaliserez davantage l'importance de votre rôle futur, des obligations et des responsabilités qui vous attendent. Vous serez confrontée à cette réalité de par les exigences inhérentes à votre statut d'élève infirmière. Pendant votre formation initiale en soins infirmiers, vous apprendrez à rédiger des notes d'observation au dossier du client[**]. Vous devrez vous acquitter de cette tâche avec diligence et minutie, d'où l'importance de vous appliquer à le faire le plus pertinemment possible. Le présent ouvrage se veut d'abord et avant tout un instrument d'apprentissage pour vous aider à développer votre compétence à consigner l'information au dossier.

Vous constaterez que ce livre contient à la fois des explications et des exercices. Des questions vous sont posées à maintes reprises au bas des pages ou à la fin d'une unité. Lorsque cela se présente, vous devez choisir la réponse qui vous semble la plus appropriée et passer à la page indiquée vis-à-vis la réponse choisie. Vous n'avez donc pas à lire toutes les pages ; suivez seulement les instructions données. Pour certains sujets, vous devrez étudier de courts textes inspirés de vraies situations. Les éléments questionnés visent à développer votre capacité à juger de la pertinence de ce qui doit être écrit. Dans plusieurs cas, des exemples acceptables de formulation de notes d'observation vous sont présentés. La plupart de ces exemples sont des adaptations de situations réelles.

Passez à l'étude de l'unité 1, page 11.

---

[*] Seul le générique féminin est utilisé pour désigner les élèves et les infirmières, sans aucune discrimination et dans le seul but d'alléger la lecture du texte.

[**] La *Loi sur les services de santé et les services sociaux* utilise le mot *usager* plutôt que *client*. Étant donné qu'il n'y a aucune implication juridique à employer le mot *client*, nous choisissons ce terme pour désigner la personne qui reçoit les soins.

UNITÉ I

GÉNÉRALITÉS SUR LE DOSSIER

But de l'étude de cette unité

- Être sensibilisée à l'importance de la tenue d'un dossier pour chaque client.

Objectif général

- Connaître les notions élémentaires reliées à la tenue du dossier.

Objectifs spécifiques

Après avoir complété l'étude de cette unité, vous devriez être en mesure :

- D'identifier les différentes utilisations qu'on peut faire du dossier ;

- D'identifier les catégories de professionnels concernés par la tenue du dossier ;

- De reconnaître les principales feuilles du dossier utilisées par l'infirmière ;

- De nommer les références légales qui concernent la tenue du dossier de santé.

1.1 Justifications de la tenue d'un dossier

Le dossier constitue un ensemble d'informations sur le client. Il renseigne sur son état de santé, les diagnostics médicaux, les méthodes diagnostiques et thérapeutiques appliquées ainsi que leurs résultats. Il doit être le témoin fidèle des soins cliniques professionnels dont le client a besoin[1]. Il permet d'attester que chaque intervenant, selon son appartenance professionnelle, a fourni les services requis. Il devrait contenir des données aidant à reconstituer l'évolution de sa condition[2]. Chaque professionnel de l'équipe de santé peut le consulter puisqu'il s'avère une excellente source de renseignements.

C'est un document juridique, légalement constitué. En effet, la *Loi sur les services de santé et les services sociaux* stipule que :

> Le gouvernement peut par règlement (...) déterminer des normes relatives à la constitution et à la tenue des dossiers des usagers, aux éléments et aux pièces qui y sont contenus ainsi qu'à leur consultation et à leur transfert[3].

En outre, le *Règlement sur l'organisation et l'administration des établissements* précise le contenu d'un dossier tenu par un centre hospitalier, un centre de services sociaux, un centre d'accueil et un centre local de services communautaires[4].

Puisqu'il s'avère un outil informatif précieux, le dossier peut être utilisé à de multiples fins :

- C'est un moyen de communication précis et efficace entre les différents professionnels impliqués dans les activités de soins au client, les renseignant sur la condition de ce dernier et leur permettant de comprendre sa situation sous ses aspects variés.

- On peut l'employer dans un but de recherche, en étudiant des thérapeutiques déjà appliquées à des clients présentant un même problème de santé, et fournir ainsi des indications pour le traitement éventuel d'un autre client. Un dossier d'hospitalisation antérieure peut aider à résoudre un problème actuel.

- Il est également une source d'informations statistiques utiles au développement et aux besoins futurs d'un établissement de santé :

fréquence des désordres cliniques et des complications, nombre de naissances et particularités des accouchements, taux de mortalité et de rétablissement, etc.

- C'est un document pédagogique contribuant à la formation des stagiaires du domaine de la santé : soins infirmiers, médecine et autres disciplines connexes.

- Il peut aider les comités d'inspection professionnelle, dont celui de l'Ordre des infirmières et infirmiers du Québec, dans le cadre de leur mandat de surveillance générale de l'exercice, pour la protection du public, pour le maintien de la compétence et de la qualité des services offerts.

- Il peut servir de preuve en justice. En cas de problèmes légaux, il peut contribuer à clarifier une situation litigieuse et ainsi protéger le client, les professionnels de la santé et l'établissement.

1.2 Professionnels utilisant le dossier et les feuilles respectives

Plusieurs personnes sont susceptibles d'écrire des notes se rapportant aux soins spécialisés qu'elles dispensent, dans le dossier du client. Parmi celles-ci, on retrouve :

1. L'infirmière.

Elle utilise principalement (*cf.* Annexe I) :

a)   Une feuille de graphique sur laquelle elle inscrit les signes vitaux pris quotidiennement, de même que d'autres informations comme la masse et la taille, la surveillance de l'élimination urinaire et intestinale. Selon les milieux, cette feuille peut porter le nom de *Graphique, Signes vitaux, Paramètres fondamentaux* ou un autre nom ;

b)   Une feuille de notes d'évolution spécifique aux observations concernant les soins qu'elle prodigue et aux réactions du client à ceux-ci. Son appellation diffère selon les centres : *Notes d'observation, Observations de l'infirmière, Notes d'évolution, Compte-rendu de soins infirmiers (longue durée), Observations en soins infirmiers,* etc. ;

c)   D'autres feuilles, selon les particularités de l'état de santé du client. Par exemple, une feuille d'observation spéciale pour les signes vitaux pris fréquemment durant une courte période (après une intervention chirurgicale, entre autres) ; une feuille de dosage sur laquelle elle inscrit les quantités des liquides ingérés et excrétés ; une feuille de surveillance de la condition neurologique (lors d'un traumatisme crânien ou d'une chirurgie au cerveau) ; une feuille concernant des éléments de vérification clinique particulière, comme le taux de sucre sanguin chez la personne diabétique.

2. Le médecin.

Il utilise surtout :

a) Une feuille d'ordonnances sur laquelle il écrit ses prescriptions relatives aux traitements médicaux et aux aspects de la surveillance médicale : médicaments, examens de laboratoire ou de radiologie et autres ;

b) Une feuille d'évolution où les changements dans l'état du client suite aux traitements médicaux appliqués sont notés ;

c) Une feuille d'anamnèse où il consigne les antécédents personnels et médicaux du client ainsi que le résultat de l'évaluation de son état de santé actuel, selon l'examen physique qu'il a fait.

3. Les médecins consultants.

Ils interviennent dans la situation du client à la demande du médecin traitant quand celui-ci a besoin de l'opinion d'un spécialiste sur un aspect particulier. Ils inscrivent alors leurs commentaires sur une feuille de *Consultation*.

4. Les autres membres de l'équipe de soins : inhalothérapeute, physiothérapeute, ergothérapeute, diététiste, travailleur social, orthophoniste

Quand ils interviennent dans le traitement global du client, ils rédigent leurs observations sur des feuilles identifiées à leur service respectif, ou sur une *Requête de services professionnels*.

1.3 Accès au dossier

Même si le dossier est au nom du client, il demeure sous la garde de l'établissement. La *Loi sur les services de santé et les services sociaux* reconnaît le droit d'accès du client à son dossier. Cependant, certaines modalités s'appliquent à ce droit.

Tout usager de 14 ans et plus a droit d'accès à son dossier. Toutefois, l'établissement peut lui en refuser l'accès momentanément si, de l'avis de son médecin traitant ou du médecin désigné par le directeur général de l'établissement, la communication du dossier ou d'une partie de celui-ci causerait vraisemblablement un préjudice grave à la santé de l'usager. Dans ce cas, l'établissement, sur la recommandation du médecin, détermine le moment où le dossier ou la partie dont l'accès a été refusé pourra être communiqué à l'usager et en avise celui-ci[5].

Même si tous les intervenants peuvent consulter le dossier d'un client, les personnes non concernées ne peuvent y accéder. En effet :

Le dossier d'un usager est confidentiel et nul ne peut y avoir accès, si ce n'est avec l'autorisation de l'usager ou de la personne pouvant donner une autorisation en son nom, sur l'ordre d'un tribunal ou d'un coroner dans l'exercice de ses fonctions ou dans le cas où la présente loi prévoit que la communication de renseignements contenus dans le dossier peut être requise d'un établissement[6].

L'infirmière, à titre de professionnelle en soins infirmiers, est appelée à respecter l'accessibilité du client à son dossier. La confidentialité doit, par contre, être assurée en tout temps.

Le professionnel en soins infirmiers doit respecter le droit de son client de prendre connaissance des documents qui le concernent dans un dossier qu'il a constitué à son sujet et d'obtenir une copie de ces documents[7].

Avant de passer à l'étude de la deuxième unité, vérifiez si vous avez bien compris les notions contenues dans celle-ci, en répondant aux questions suivantes :

---

1. Les données ayant rapport à la prise de température quotidienne et aux effets d'un analgésique sur le soulagement de la douleur ressentie par un client sont consignées au dossier :

---

a) Par le médecin.

Passez à la page 16.

b) Par l'infirmière.

Passez à la page 17.

Vous croyez qu'il revient au médecin d'inscrire ces informations au dossier ? Celui-ci utilise des feuilles particulières pour prescrire des médicaments, des examens de diagnostic et des soins médicaux au regard du problème de santé du client. Il peut aussi demander l'avis de collègues spécialistes, lesquels feront rapport sur une feuille de *Consultation médicale*. Sur la feuille de *Notes d'évolution,* il indique également les changements dans l'état du client en fonction des traitements appliqués. Il analyse les informations ayant trait aux signes vitaux et aux manifestations cliniques présentées pour décider d'une approche thérapeutique appropriée, laquelle sera révisée selon les résultats observés. Il y marque en plus les actes médicaux qu'il effectue.

Évidemment, il peut se servir des informations consignées par l'infirmière pour orienter ses décisions, mais ce n'est pas lui qui inscrit ce genre de renseignements sur les feuilles utilisées par le personnel infirmier.

Revenez à la page 15 et choisissez l'autre réponse.

L'infirmière inscrit les signes vitaux qu'elle prend quotidiennement sur une feuille graphique, qu'on peut retrouver sous l'appellation de *Paramètres fondamentaux* ou *Signes vitaux*. Lors de vos premiers stages, vous aurez à utiliser une telle feuille. On y retrouve des données sur la température, la pression artérielle, le pouls et la respiration. Quand on doit vérifier ces paramètres plus fréquemment, à chaque 30 minutes ou à chaque heure par exemple, on utilise une autre feuille (*cf.* Annexe I, *Paramètres supplémentaires*).

Les constatations concernant les résultats des soins infirmiers prodigués, après l'administration d'un médicament analgésique entre autres, sont notées par l'infirmière sur une feuille qui lui est réservée. Ce type de renseignements montrent l'évaluation qu'elle fait suite à une intervention. Cela peut contribuer à trouver des moyens pour amener le client à se prendre en charge à propos de sa santé.

Beaucoup d'autres éléments peuvent faire partie des notes d'observation, comme nous le démontrerons en cours de route. Retenez ceci dès maintenant : **le contenu des notes de l'infirmière doit informer pertinemment de la condition clinique globale du client**.

Répondez à la question 2 à la page 19.

2. Les autres professionnels de l'équipe de soins peuvent s'enquérir des effets d'un traitement respiratoire donné par l'inhalothérapeute :

a) En lisant les notes de l'infirmière.

Passez à la page 20.

b) En consultant le dossier du client.

Passez à la page 21.

c) En interrogeant tout simplement le client.

Passez à la page 22.

Plusieurs infirmières inscrivent les soins faits par d'autres professionnels dans leurs notes. Il n'est pas rare de lire « *Traitement d'aérosolthérapie par inhalothérapeute* », ou encore « *Physiothérapie au lit par physiothérapeute* ». Certains auteurs affirment que les notes de l'infirmière devraient contenir les activités des autres membres de l'équipe de santé.

Il faut réaliser que l'obligation légale d'écrire des notes au dossier s'applique à toutes les catégories d'intervenants :

- Le dossier tenu par un centre hospitalier comprend notamment :
- Les notes d'évolution rédigées par les médecins, les dentistes, les pharmaciens et les membres du personnel clinique[8].

De ce fait, il est de la responsabilité de chaque personne d'inscrire les soins qu'elle dispense. Les médecins et autres professionnels de la santé n'ont pas à compter sur l'infirmière pour écrire des informations concernant leurs services.

Par contre, lorsque l'infirmière assure une surveillance spéciale après une activité de soins effectuée par quelqu'un d'autre, il est pertinent de noter ce qu'elle observe suite à ce qui a été fait.

Par exemple :

« *Expectore des sécrétions jaunâtres et épaisses après traitement d'inhalothérapie. Toux grasse.* »

« *Refuse de marcher dans le corridor ; dit être fatigué suite aux exercices faits en physiothérapie.* »

De cette manière, les notes montrent de façon plus évidente l'apport des soins infirmiers dans le traitement global du problème de santé du client. En plus, elles mettent en lumière le lien de complémentarité entre professionnels. L'infirmière n'a pas à se sentir mal à l'aise parce qu'elle n'inscrit pas ce que les autres font.

*Revenez à la page 19
et répondez à nouveau à la question 2.*

C'est vrai, puisque chaque professionnel donnant un service particulier au client doit compléter des notes qui rendent compte des interventions et des traitements effectués et de leurs résultats. C'est même une responsabilité découlant d'une obligation légale[9]. Le dossier représente donc un média de communication et un instrument d'information précis et efficace. Il renseigne sur les différents aspects des soins au client.

Voulez-vous en connaître plus sur l'enseignement détaillé du régime alimentaire d'un client diabétique ? Consultez la feuille du service de diététique.

Une consultation a été demandée à une travailleuse sociale à propos d'un éventuel retour à domicile d'une cliente âgée, vivant seule, présentant un problème d'incontinence urinaire et des troubles cognitifs. Vous désirez savoir ce qu'elle en pense et les démarches qu'elle a entreprises ? Référez-vous à la feuille du service social.

Un client hémiplégique est suivi en réadaptation. Vous aurez des détails sur l'évaluation de son équilibre à la marche en lisant les notes de la physiothérapeute.

Le médecin traitant a demandé l'opinion d'une consoeur ophtalmologiste parce qu'un client présente des complications visuelles du diabète. Pour être informée de ce que cette spécialiste pense du problème, lisez la feuille de *Consultation médicale*.

Un client a besoin qu'on adapte son environnement à la maison pour qu'il puisse être le plus autonome possible dans ses autosoins. Les informations consignées par l'ergothérapeute seront très utiles pour l'infirmière visiteuse.

En plus d'être intéressant, cela apporte des éléments nouveaux et complémentaires pour mieux connaître le client et contribue à une plus grande compréhension de sa situation.

Vous pouvez passez à l'étude de l'unité II, page 24.

Dans le cas où le client est en mesure de donner cette information, on n'a pas à le mettre en doute. N'oublions pas qu'il représente la source première où l'infirmière puise des renseignements pour une collecte de données. Cependant, s'il a de la difficulté à s'exprimer, s'il tient des propos incohérents, s'il est extrêmement souffrant ou s'il n'en a tout simplement pas envie, cela peut s'avérer compliqué d'obtenir l'information désirée. Il existe un moyen plus sûr d'être au courant des activités d'un autre professionnel.

Revenez à la page 19
et répondez à nouveau à la question 2.

Notes et références

1. *Tenue du dossier, guide concernant la tenue du dossier par le médecin en centre hospitalier,* Collège des médecins du Québec, Service d'inspection professionnelle, Novembre 1996, p. 3.

2. MOHR, Wanda K. "Deconstructing the Language of Psychiatric Hospitalisation", *Journal of Advanced Nursing,* vol. 23, n° 5, May 1999, p. 1052.

3. GOUVERNEMENT DU QUÉBEC. *Loi sur les services de santé et les services sociaux, LRQ, chapitre S-4.2, dernière modification : 24 septembre 1999, à jour au 12 octobre 1999,* [Québec], Éditeur officiel du Québec, article 505, paragraphe 24.

4. GOUVERNEMENT DU QUÉBEC. *Règlement sur l'organisation et l'administration des établissements, S-5, r.3.01, dernière modification : 23 mai 1996, à jour au 23 septembre 1997,* [Québec], Éditeur officiel du Québec, articles 53, 54, 55, 56, p. 8-9.

5. GOUVERNEMENT DU QUÉBEC. *Loi sur les services de santé et les services sociaux, LRQ, chapitre S-4.2, Op. cit.,* article 17.

6. *Op. cit.,* Article 19.

7. ORDRE DES INFIRMIÈRES ET INFIRMIERS DU QUÉBEC. *Code de déontologie des infirmières et infirmiers, I-8, r.4, dernière modification : 14 mars 1996, à jour au 24 février 1998,* [Québec], Éditeur officiel du Québec, article 3.07.01.

8. GOUVERNEMENT DU QUÉBEC. *Règlement sur l'organisation et l'administration des établissements,* S-5, r.3.01, Op. cit., article 53.

Le libellé est le même pour les articles 55 et 56 à propos des centres d'accueil et des centres locaux de services communautaires. Pour l'article 54, il se lit comme suit :

Le dossier tenu par un centre de services sociaux comprend notamment : 4° les notes d'évolution rédigées par les membres du personnel clinique.

9. *Idid.*

UNITÉ II

LES NOTES D'OBSERVATION DE L'INFIRMIÈRE

But de l'étude de cette unité

Réaliser l'**importance professionnelle** d'une rédaction judicieuse des notes au dossier.

Objectifs généraux

- Connaître les justifications de la rédaction des notes d'observation de l'infirmière ;
- Comprendre les caractéristiques qualitatives des notes d'observation.

Objectifs spécifiques

Après avoir complété l'étude de cette unité, vous devriez être en mesure :

- D'énoncer les buts particuliers de la rédaction des notes d'observation ;
- De reconnaître les qualités qui confèrent de la crédibilité légale aux inscriptions au dossier ;
- De différencier une observation pertinente d'une observation non pertinente et d'en donner la justification ;
- De différencier une note complète d'une note incomplète ;
- De distinguer une note précise d'une note imprécise ;
- De respecter la chronologie dans une note narrative ;
- De distinguer une note concise d'une note qui ne l'est pas ;
- D'identifier les éléments superflus et interprétables dans une note d'observation.

2.1 Justifications de la rédaction des notes d'observation (Pourquoi écrire ?)

Plusieurs raisons justifient que l'on écrive des notes au dossier du client. Au-delà de l'obligation légale[1], c'est une importante responsabilité professionnelle qui reflète une pratique infirmière de qualité.

1. Les notes d'observation servent à transmettre de l'information sur le client[2-3-4-5]. Ce point devrait guider l'infirmière lorsqu'elle s'acquitte de cette fonction. Le souci de rendre compte de la condition clinique, de l'évolution par rapport à l'état de santé devrait être le principal leitmotiv.

   Elles renseignent tous ceux et celles qui interviennent dans les soins, principalement les autres infirmières. Cela facilite la compréhension de la situation globale du client tout en contribuant à une meilleure communication entre les différents intervenants de l'équipe de soins.

   En prenant son quart de travail, l'infirmière devrait avoir une idée précise du client seulement en lisant les notes du service précédent. Elle devrait être en mesure de le visualiser, de se représenter mentalement les problèmes qu'il présente, les interventions qui ont été appliquées de même que le résultat de celles-ci. C'est donc un excellent moyen pour mieux connaître le client.

   Les autres professionnels peuvent y puiser des renseignements précieux qui les aideront à offrir un service encore plus adapté aux besoins de la personne. Les données qu'on y retrouve peuvent appuyer la prise de décisions cliniques dans un cadre interdisciplinaire[6]. Cette tâche s'inscrit donc dans une perspective de complémentarité[7].

2. Elles favorisent une plus grande coordination dans la planification des soins et sont essentielles pour en assurer la continuité[8-9].

   Elles doivent donc montrer la condition du client d'un service à l'autre, un peu comme une suite d'images. Idéalement, on devrait pouvoir reconnaître les changements dans son état et suivre son évolution.

   Elles devraient démontrer qu'une attention continue est observée. De ce fait, elles aident à coordonner les soins en fonction de ceux déjà prodigués

25

et de leurs résultats. Elles maintiennent le caractère d'actualité des informations en mettant en évidence le processus constant d'évaluation. En définitive, c'est une démarche très dynamique.

3. Elles témoignent de la qualité et de l'efficacité des soins infirmiers prodigués[10-11].

Des notes complètes supposent des soins complets et une surveillance adéquate. Non seulement devraient-elles montrer la réponse du client aux interventions, mais également les données sur lesquelles l'infirmière appuie ses décisions de soins. Elles peuvent établir que les moyens pour satisfaire les besoins perturbés à cause d'un changement subit ont été pris et ainsi prouver que certaines normes de pratique professionnelle ont été rencontrées[12]. Elles sont, à juste titre, le miroir d'un service infirmier de qualité et l'image du caractère indépendant de l'exercice de notre profession.

4. Elles fournissent des données utiles pour la recherche et le développement de la science infirmière, et l'enseignement[13].

Plusieurs infirmières œuvrent dans le domaine de la recherche scientifique orientée vers les soins infirmiers. Leurs travaux contribuent à l'avancement de la profession. Selon leurs sujets d'étude, les notes d'observation peuvent être une source de renseignements appropriée.

De même, leur utilité pédagogique est remarquable quant à l'influence qu'elles exercent sur l'apprentissage de cette fonction. Vous serez sans doute tentées d'imiter la façon d'écrire des infirmières expérimentées. À tout le moins, vous aurez le réflexe de vous en inspirer pour trouver *quoi* écrire et *comment* le faire.

2.2 Importance des notes d'observation sur le plan légal

En tant que membre du personnel clinique, l'infirmière est obligée d'écrire des notes d'évolution[14]. Celles-ci font donc partie intégrante du dossier du client. Elles peuvent servir de preuve dans les cas de poursuites judiciaires. Elles aident à protéger le client, les personnes qui dispensent les soins et l'établissement de santé parce qu'elles doivent démontrer qu'on est intervenu adéquatement dans une situation problématique.

"Les dossiers hospitaliers, y compris les **notes des infirmières**, rédigés au jour le jour par quelqu'un qui a une connaissance personnelle des faits et dont le travail consiste à faire les écritures ou à rédiger les dossiers, doivent être reçus en preuve *prima facie* des faits qu'ils relatent."[15]

La locution latine *prima facie* signifie que ce qui est écrit constitue la preuve suffisante d'un fait, sans qu'on ait à faire d'autres recherches pour l'établir, et à moins qu'on prouve le contraire[16] (par exemple, un certificat de naissance). Sous le *Code civil du Bas-Canada,* on reconnaissait indirectement la recevabilité en preuve d'un usager[17]. Avec le *Code civil du Québec,* ce principe jurisprudentiel est ainsi énoncé :

L'écrit ni authentique ni semi-authentique[18] qui rapporte un fait peut, sous réserve des règles contenues dans ce livre, être admis en preuve à titre de témoignage ou à titre d'aveu contre son auteur[19].

La règle d'application est précisée par l'article suivant :

La déclaration faite par une personne qui ne comparaît pas comme témoin, sur des faits au sujet desquels elle aurait pu légalement déposer, peut être admise à titre de témoignage pourvu que, sur demande et après qu'avis ait été donné à la partie adverse, le tribunal l'autorise[20].

Incidemment, le dossier d'un usager (...) jouit donc d'une recevabilité en preuve et également d'une présomption de fiabilité[21].

En raison de la grande valeur accordée aux inscriptions au dossier, on se doit d'en souligner l'importance sur le plan légal. N'oublions pas qu'elles sont le témoin écrit des soins prodigués au client dans une situation donnée. Cependant, le principe qui voudrait que *ce qui est noté est reconnu comme ayant été fait et ce qui n'est pas noté n'a pas été fait* en apeure plus d'une. C'est ce point qui semble retenir le plus l'attention de l'infirmière au moment où elle rédige ses observations. Malheureusement, une croyance absolue en un tel principe entraîne une pratique de rédaction des notes plutôt basée sur la crainte des plaintes ou des poursuites que sur une exigence d'ordre professionnel. Il n'est pas étonnant qu'on constate une attitude défensive chez plusieurs. On ne réalise sans doute pas assez que ce qui confère le plus de crédibilité aux notes sur le plan professionnel, et conséquemment sur le plan juridique, c'est la qualité de leur contenu clinique[22-23]. Pour être crédibles, les notes doivent décrire avec précision et justesse la condition de la personne[24]. Dans une situation problématique, telle qu'une détérioration grave et soudaine de l'état du client ou un accident lui causant un préjudice sérieux, une bonne documentation des faits constitue la meilleure protection puisqu'elle met en évidence une pratique infirmière adéquate et compétente[25]. Si on écrit des notes au cas où il y aurait un débat légal, on dénature la principale raison de leur existence, c'est-à-dire rendre compte de la situation de santé actuelle du client, des soins qui lui sont prodigués et de sa réponse à ceux-ci.

Se questionner pour individualiser le contenu des inscriptions au dossier doit devenir un automatisme à développer. En définitive, cela contribue à donner une plus grande valeur juridique aux écrits infirmiers. Une note est légale de par son existence ; elle correspond à l'obligation de tenir un dossier pour chaque personne. Son intérêt clinique est fondamentalement déterminé par la pertinence de son contenu.

Dans une cause où on a contesté le testament notarié d'une dame souffrant d'un cancer à un stade avancé[26], on invoquait son incapacité mentale à décider de ses dernières volontés. Comme les notes des infirmières ne mentionnaient jamais que la cliente tenait des propos confus, mais qu'elles soulignaient les douleurs qu'elle ressentait et les demandes d'analgésiques, le tribunal a conclu que la testatrice était lucide et que le testament ne pouvait être invalidé. Aurait-il fallu interpréter les notes comme s'il y avait eu négligence à observer de la confusion mentale parce que ce n'était pas mentionné ? Le juge en a déduit le contraire.

Dans une autre cause[27], le tribunal a étudié des notes d'observation en refusant d'admettre que l'absence d'inscriptions par le personnel infirmier prouvait qu'il y avait eu négligence à dispenser les soins requis. Puisqu'il n'y avait eu aucun changement observable, il était justifié de ne rien écrire.

C'est lorsqu'une situation se complique sérieusement, qu'elle arrive inopinément ou qu'on identifie un risque évident de problème qu'on se doit d'être percutant dans ce qu'on écrit. Dans de telles circonstances, des notes détaillées, complètes, précises, mais surtout pertinentes seront vraisemblablement susceptibles de conférer une plus grande immunité juridique surtout en raison du fait qu'elles témoignent alors fidèlement d'une pratique professionnelle compétente. Si des inscriptions sont pauvres ou non pertinentes à l'évènement problématique rapporté, il est facile de conclure que les soins ont également été pauvres[28]. Dans cette obligation littéraire, la meilleure façon de ne pas laisser d'emprise à la peur de l'aspect légal est de s'appliquer à décrire exactement et précisément les faits observés.

ANALYSE D'UNE SITUATION CLINIQUE

Monsieur Labrie est âgé de 79 ans. Il est à l'urgence avec sa fille. Il présente de la diarrhée depuis trois jours et dit qu'il se sent très faible au point d'avoir de la difficulté à se tenir sur ses jambes. On l'a installé sur une civière. On a levé les ridelles, mais on l'a surpris à tenter de passer par-dessus à deux reprises. Comme il refuse d'utiliser le bassin de lit mis à sa disposition, on l'a avisé d'appeler un membre du personnel s'il voulait aller à la toilette. Parce qu'il avait peur de déranger les infirmières, il s'est levé par le bout de la civière. À cause de sa faiblesse, il est tombé et s'est infligé une coupure de cinq centimètres au front ; cela a justifié que le médecin fasse des points de sutures. Sa fille, qui était absente au moment de l'évènement, soupçonne le personnel de négligence et fait allusion à une éventuelle plainte formelle.

Dans un tel cas, devrait-on noter que les ridelles de la civière étaient levées au moment de l'accident et que le client avait été avisé de demander de l'aide ?

Oui. Comme il s'est levé seul malgré sa faiblesse, une note d'observation qui contiendrait ces deux éléments montrerait que des mesures de sécurité ont été prises. Ces interventions sont d'autant plus appropriées que la condition du client représente un risque réel d'accident. Cela prouverait qu'on a eu la préoccupation d'essayer de prévenir une chute même si le résultat n'est pas celui escompté. Des notes acceptables pourraient être libellées comme suit :

« Dit qu'il a de la difficulté à se tenir sur ses jambes. Malgré les ridelles levées, il tente à deux reprises de passer par-dessus. Refuse d'utiliser le bassin de lit. Avisé de demander de l'aide s'il désire aller à la toilette. S'est levé seul par le pied de la civière. Retrouvé par terre. Coupure de 5 cm au front. »

Parce qu'elles rapportent précisément les faits, de telles notes peuvent prouver qu'il n'y a pas eu négligence malgré le fâcheux accident qui est arrivé à Monsieur Labrie.

Le contexte d'une situation est un facteur déterminant dans la pertinence du contenu clinique d'une note d'observation. Dans une autre situation où le client ne présenterait aucun risque de se blesser ou s'il était capable de se lever sans aide et de marcher normalement, on ne noterait pas ces activités de soins. Ce ne serait pas pertinent puisqu'elles font partie des moyens habituels que l'on prend pour assurer la sécurité de toute personne alitée.

On se doit de respecter les critères de qualité si l'on veut que nos écrits soient percutants en cas de litige. Certes, l'habileté à rédiger des notes professionnelles est à développer, mais le défi est de maintenir cette bonne attitude.

2.3 Qualités des notes d'observation

Pour atteindre leurs buts spécifiques, les notes de l'infirmière doivent être véridiques, pertinentes, factuelles, précises, concises, lisibles, chronologiques et exemptes de fautes d'orthographe[29-30-31].

Le code de déontologie nous oblige à écrire la vérité. En effet :

"(...) constitue un acte dérogatoire à la dignité de la profession le fait pour le professionnel en soins infirmiers :

h) d'inscrire des données fausses dans le dossier du client ou insérer des notes sous la signature d'autrui ;"[32]

Devant sa feuille d'observations, l'infirmière doit se questionner sur la **pertinence** de ce qu'elle veut écrire pour déterminer le contenu de ses notes. Elle peut amorcer ce questionnement à partir des points suivants :

Une note pertinente est toujours relative au client (qui doit-on décrire ?). Il est le sujet principal des inscriptions au dossier. On doit donc parler de lui. On ne devrait pas retrouver de commentaires concernant son entourage. Plutôt que de noter qu'il *« reçoit des visiteurs »* ou que *« des visiteurs sont à son chevet »*, il est beaucoup plus approprié de décrire comment il se comporte en leur présence, si cela a un impact significatif sur son comportement. Par exemple :

« 21:00 Au départ de ses visiteurs, commence à se promener dans le corridor. S'arrête devant chaque chambre et crie qu'on l'a abandonné. Erre sur l'unité pendant 30 minutes. »

Si c'est un comportement habituel, est-ce que ça vaut vraiment la peine de le citer ? Si le client se réjouit simplement de la présence de ses proches, pourquoi le souligner alors ? On verra plus loin qu'il pourrait être acceptable d'inclure les réactions des personnes significatives. Cependant, cela serait exceptionnel et ne devrait pas se faire au détriment de la description des problèmes du client.

Une note pertinente est appropriée à la condition du client (qu'est-ce qui est observé ?). Elle informe sur son état de santé actuel, c'est-à-dire les manifestations cliniques présentées, les comportements et les attitudes au regard d'une situation spécifique. À cet effet, les notes constituent un compte rendu descriptif de la personne vue comme un tout indivisible. Une inscription en relation avec le diagnostic médical, montrant l'évolution d'une situation ou la réaction de l'individu dans un contexte précis, est forcément pertinente puisqu'elle est significative d'un besoin de santé perturbé ou d'un problème potentiel. Voici quelques exemples de notes pertinentes illustrant ces explications :

- Pour un client ayant fait un infarctus du myocarde :

  « 13:10 Dit qu'il a ressenti une DRS au retour de la toilette, sans irradiation. N'a pas pris de Nitro. P.A. 144/90, P 96. »

- Pour une cliente en phase terminale de cancer, recevant des injections de Morphine régulièrement :

  « 18:00 Se plaint de douleurs généralisées à 8/10, accentuées lors des changements de position. Grimace, retient sa respiration, tendue. »

- Pour une cliente en crise d'asthme :

  « 00:20 Wheezing, R 40, ongles cyanosés, saturométrie à 88%. »

- Pour un adolescent suicidaire :

  « 20:30 Après la visite de ses parents, confie que ceux-ci ne sont jamais contents de ce qu'il fait, qu'ils le critiquent à propos de tout. Ajoute : "Si je mourais, ils ne me regretteraient même pas, j'en suis sûr". »

- Pour une personne âgée nouvellement admise en centre de soins prolongés :

« 11:45 Refuse de prendre son repas dans la salle à manger. Dit qu'elle craint qu'on ne l'accepte pas et qu'elle n'aime pas se retrouver avec des inconnus. »

- Pour une dame dont on contrôle la pression artérielle à domicile :

« P.A. 184/100. Se plaint de céphalée et d'étourdissement au réveil. Dit qu'elle tient à continuer ses activités même si elle ne se sent pas bien. »

Une note pertinente informe des soins prodigués (qu'est-ce qui a été fait ?). Évidemment, de telles observations seraient incomplètes si on omettait d'écrire les interventions effectuées pour tenter de satisfaire les besoins fondamentaux. Il est donc pertinent d'y ajouter les soins infirmiers prodigués, non seulement ceux qui relèvent de l'ordonnance médicale, mais surtout ceux décidés de façon autonome. Pour faire suite aux exemples précédents, on inclurait des informations sur ce que l'infirmière a fait :

« 13:10 Dit qu'il a ressenti une DRS au retour de la toilette, sans irradiation. N'a pas pris de Nitro. P.A. 144/90, P 96. Vérification des connaissances sur la prise de Nitro et sur les activités permises. »

« 18:00 Se plaint de douleurs généralisées à 8/10, accentuées lors des changements de position. Grimace, retient sa respiration, tendue. Installée en décubitus latéral droit. Dose supplémentaire de Morphine 2 mg S.C. bras gauche. »

« 00:20 Wheezing, R 40, ongles cyanosés, saturométrie à 8 %. O2 par lunettes nasales à 2 L/min. Tête de lit à 60°. Encouragée à faire des exercices de respiration avec les lèvres pincées. »

« 20:30 Après la visite de ses parents, confie que ceux-ci ne sont jamais contents de ce qu'il fait, qu'ils le critiquent à propos de tout. Ajoute : "Si je mourais, ils ne me regretteraient même pas, j'en suis sûr". Clarification de ses propos. »

« 11:45 Refuse de prendre son repas dans la salle à manger. Dit qu'elle craint qu'on ne l'accepte pas et qu'elle n'aime pas se retrouver avec des inconnus. Invitée à choisir elle-même sa table. »

« P.A. 184/100. Se plaint de céphalée et d'étourdissement au réveil. Dit qu'elle tient à continuer ses activités même si elle ne se sent pas bien. Avisée de se reposer avant de poursuivre ses activités et vérification de la prise des médicaments. »

Une note pertinente informe convenablement des réactions du client aux soins (qu'est-ce que les interventions ont donné ?). Le résultat des activités de soins effectuées est un élément révélateur de l'efficacité et de l'adéquation de ce que l'infirmière a choisi de faire. Il est donc pertinent de spécifier la réponse du client aux soins prodigués[33]. Même si on constate que les actes n'ont pas atteint le but recherché, il est tout aussi valable d'en faire part dans les notes au dossier. Évidemment, il faudra les compléter par les nouvelles interventions appliquées et suivre le même patron. Si l'on reprend les mêmes exemples, on y ajouterait la réaction du client :

« 13:10 Vérification des connaissances sur la prise de Nitro et sur les activités permises : peut expliquer quand et combien en prendre lorsqu'il a une DRS, et comment en prévenir l'apparition. Dit qu'il comprend les restrictions d'activités, mais qu'il n'accepte pas d'être limité dans ce qu'il fait. »

« 18:00 Installée en décubitus latéral droit. Dose supplémentaire de Morphine 2 mg S.C. bras gauche.

19:00 Dit que ses douleurs sont diminuées à 5/10. »

« 00:20 O_2 par lunettes nasales à 2 L/min. Tête de lit à 60°. Encouragée à faire des exercices de respiration avec les lèvres pincées. Dit qu'elle a peur de manquer d'air. Tachypnée à 36/min.

00:30 Levée au fauteuil. Respire plus lentement quand je fais les exercices respiratoires avec elle. Dit se sentir plus calme.

01:10 Recouchée. Ongles moins cyanosés, saturométrie à 90 %. »

« 20:30 Clarification de ses propos : refuse d'approfondir le sujet de sa relation avec ses parents. Dit cependant qu'il n'hésitera pas à se suicider si rien ne change entre lui et eux. »

« 11:45 Invitée à choisir elle-même sa table. Insiste pour prendre son repas dans sa chambre. »

« Avisée de se reposer avant de poursuivre ses activités et vérification de la prise des médicaments : dit qu'elle refuse de rester inactive et qu'elle prend sa médication quotidiennement. »

Une note pertinente apporte des éléments nouveaux et utiles pour mieux connaître le client (y a-t-il eu des changements ?). Si l'infirmière remarque une nouvelle donnée dans la condition clinique, et que cela contribue à préciser ou à clarifier une situation problématique, elle a de bonnes raisons de le rapporter dans ses notes. Tous les signes de détérioration ou d'amélioration valent la peine d'être consignés puisqu'ils témoignent à la fois de l'évolution de l'état du client et de l'évaluation continue qui en est faite. De telles observations sont révélatrices d'une surveillance assidue. Elles sont utiles pour diagnostiquer des problèmes infirmiers, établir un plan de soins et en montrer son application, et adapter les activités de soins en fonction des changements constatés.

Parmi les notes d'observation suivantes, laquelle jugez-vous pertinente ?

a) Débarbouillette changée à chaque matin à la main gauche après toilette.

Passez à la page 36.

b) Incontinence urinaire, culotte et literie changées.

Passez à la page 37.

c) Œdème aux membres inférieurs, pieds marbrés, orteils bleutés.

Passez à la page 38.

d) Conjointe se dit non d'accord avec la décision des soins de confort mais doit se joindre à la majorité (famille).

Passez à la page 39.

Vous avez choisi l'observation *a)*. Cet exemple se rapporte à la situation d'une personne hémiplégique présentant probablement des contractures au niveau des doigts de la main gauche. Pour éviter que les doigts se referment davantage, on lui a installé une débarbouillette roulée dans la main.

Selon vous, quels arguments justifient la pertinence de cette note ?

Est-ce pour prouver que la débarbouillette est changée à chaque matin ? On n'a pas à en faire la preuve. Serait-ce vraiment grave si l'on remettait la même en place deux ou trois jours de suite ? L'important est de vérifier l'état de la paume, la raideur des doigts, l'amplitude des mouvements, la longueur des ongles, la présence d'œdème ou de douleur à la mobilisation des doigts, etc.

Est-ce pour montrer que l'on s'occupe d'un problème au niveau de la main paralysée ? Il vaudrait mieux alors mentionner que l'on fait des exercices passifs des doigts ou qu'on les maintient dépliés en les gardant étendus sur un oreiller, ou encore qu'on explique à la personne d'utiliser sa main droite pour faire bouger ses doigts gauches.

Est-ce plutôt parce qu'on ne sait pas quoi écrire ? Telle que formulée, la note met l'accent sur la débarbouillette et non sur le problème au niveau de la main. Ce n'est pas pertinent.

Des formulations acceptables pourraient se lire comme suit :

« Doigts étendus sur un oreiller. A tendance à les maintenir repliés. »

« Exercices passifs aux doigts gauches : raideur, incapable de les déplier complètement. »

« Paume de la main sèche, desquamation de la peau. Crème appliquée, ongles coupés. »

« Explications données sur l'importance de faire bouger ses doigts gauches avec sa main droite : ne le fait pas mais maintient ses doigts étendus avec sa main droite. »

Telles que formulées, ces notes pourraient être utiles à la physiothérapeute. Qu'en pensez-vous ?

*Revenez à la page 35
et répondez à nouveau à la question.*

Vous avez choisi l'observation *b)*, où il est question d'un client présentant un problème d'élimination urinaire. Pour juger de la pertinence de cette note, il faut imaginer trois contextes.

Si la personne est temporairement incapable de contrôler son sphincter vésical, peu importe la raison, il est bon de mentionner le nombre et le moment des incontinences. Ces données seront utiles éventuellement pour poser un diagnostic infirmier d'*incontinence urinaire* et d'en préciser le type. Un plan de soins pourra ensuite être élaboré pour tenter de solutionner ce problème.

Certaines circonstances peuvent faire en sorte que la personne présente une incontinence occasionnelle : après le retrait d'une sonde vésicale à demeure, quand la mobilité est réduite et que la personne n'est capable de se retenir que pendant un temps limité ou suite à une anesthésie générale, entre autres. Dans de tels cas, il est approprié de noter cette manifestation clinique.

On rencontre souvent ce phénomène dans les centres de soins prolongés où certains clients sont incontinents de façon permanente. Leur état fait en sorte que ce problème se manifeste : coma, déficit cognitif avancé, détérioration marquée de la condition générale ou phase terminale d'une maladie. Bien sûr, on vérifie les fonctions d'élimination, mais on ne note pas chaque fois que le client urine. Dans de tels contextes, on écrirait une note lorsqu'il y a absence d'incontinence puisque cela informerait sur une incapacité à uriner. Cela montrerait qu'il y a un changement dans les habitudes d'élimination du client.

Peu importe la situation clinique, ce n'est pas pertinent de signifier que la culotte et la literie sont changées. C'est un soin auquel tout client a droit. L'infirmière n'a pas à prouver qu'elle a posé cet acte. Celles qui se croient obligées de l'écrire le font en invoquant le principe qui voudrait que *ce qui est noté est reconnu comme ayant été fait et ce qui n'est pas noté n'a pas été fait*. Si l'on croit au caractère absolu de ce principe, il faudrait vraiment tout écrire. Cela représenterait une lourde exigence, requerrait beaucoup de mémoire pour se rappeler tout ce qui s'est passé et prendrait énormément de temps d'écriture. **Il faut admettre que c'est le contexte clinique qui oriente le choix des sujets à consigner au dossier et en détermine la pertinence.**

Revenez à la page 35 et choisissez une autre réponse.

37

Vous avez choisi l'observation c). En effet, cette note répond à plusieurs critères de pertinence. Elle informe des signes anormaux qu'un client présente. Parce qu'on a utilisé des termes précis, il est facile de visualiser le problème. N'étant pas en mesure de le vérifier, on est quand même clairement informé de l'état des pieds. Les faits rapportés nous aident à mieux connaître une situation. En lisant ces informations, on est mis en alerte par rapport à ce que l'on devrait continuer à évaluer. Une note pertinente contribue à assurer une continuité de surveillance. Logiquement, les inscriptions suivantes devraient faire mention de l'augmentation ou de la diminution de l'œdème, et des changements dans la coloration de la peau. Des remarques descriptives de la température et de la mobilité des pieds auraient permis d'avoir une image plus complète.

Vous aurez sans doute remarqué qu'il y manque les soins prodigués par rapport au problème. Il faut retenir que le sujet de la note est tout à fait pertinent. **Gardez en mémoire que ce qui est considéré non pertinent pour un client peut toutefois être d'une grande importance pour un autre.** D'où le caractère personnalisé des inscriptions au dossier et l'obligation d'individualiser notre questionnement avant d'écrire.

Passez à la page 40.

Vous avez choisi l'observation *d)*. Elle réfère à une situation où le client est en phase terminale de cancer de la prostate. Après l'avoir rencontré avec son entourage, il est convenu qu'on ne lui prodigue que des soins visant à lui procurer le plus grand confort possible pour lui assurer une fin de vie et une mort paisibles. On ne s'acharne pas à utiliser des méthodes thérapeutiques agressives.

Dans cet exemple, on souligne la réaction de la conjointe du client par rapport à cette décision. Il serait beaucoup plus pertinent de savoir comment le principal intéressé réagit à cela. N'oubliez pas qu'une note pertinente **est toujours relative au client**. Il faut donc qu'on parle de lui. Ne pas mentionner la réaction des proches dans les notes ne signifie pas qu'ils sont exclus des soins et de l'approche que l'infirmière adopte. Si on constate une influence significative sur le comportement du client, on peut le rapporter ainsi :

> *« Exprime sa tristesse devant la réaction de sa conjointe concernant la décision des soins de confort. Dit qu'il est bouleversé de la voir ainsi. »*

Cette formulation met l'accent sur l'état psychologique du client dans un contexte défini. Même de manière sous-jacente, on devine l'impact de sa condition sur une personne significative. Par extension, cela montre que l'entourage immédiat n'est pas négligé dans la considération globale de la situation.

En plus de ne pas être pertinente, cette note est inacceptable. Ne trouvez-vous pas qu'on porte un jugement sur la réaction de la conjointe ? On ne reconnaît pas son désaccord puisqu'on dit qu'elle devrait se rallier à la décision de la majorité. Elle peut exprimer sa divergence sans qu'on soit obligé d'en faire part dans les notes au dossier.

Revenez à la page 35
et répondez à nouveau à la question.

39

ANALYSE D'UNE SITUATION CLINIQUE

Madame Leclerc a 59 ans. Elle a fait un infarctus du myocarde. Elle a quitté l'unité de soins coronariens il y a deux jours. Il lui est maintenant permis d'effectuer certaines activités comme circuler dans sa chambre, aller à la toilette, se laver seule au lavabo. Pendant la nuit, elle a éprouvé une douleur rétrosternale lorsqu'elle s'est levée pour aller à la toilette. La douleur a disparu quelques secondes après qu'elle ait pris une vaporisation de Nitro sublinguale. Comme à chaque matin, elle a tout mangé son déjeuner. Elle a éprouvé des étourdissements au lever qui ont disparu presque immédiatement. Cela ne l'a pas empêchée d'exécuter ses autosoins d'hygiène. Elle n'a pas ressenti de douleur lors de cette activité. À 10 heures, sa pression artérielle était de 150/88, comme d'habitude. Elle a uriné à la toilette et comme elle se sentait bien, elle est allée visiter une compagne dans une chambre voisine. Quand l'infirmière lui a rappelé qu'elle ne pouvait circuler en dehors de sa chambre, la cliente a répondu qu'elle savait qu'elle ne devait pas le faire mais comme elle n'avait pas de douleur dans la poitrine, elle croyait qu'il n'y avait aucun danger.

Quels sont les éléments pertinents qui devraient être notés au dossier pour le service de jour ? Pourquoi le sont-ils ?

1. Elle a éprouvé des étourdissements lorsqu'elle s'est levée. C'est une manifestation clinique anormale.

2. Elle n'a pas ressenti de douleur thoracique quand elle a fait sa toilette. Comme elle en a éprouvé pendant la nuit, ce point est pertinent puisque le fait de se laver n'a pas provoqué de douleur. On a donc de l'information sur la capacité de son cœur à tolérer un effort.

3. Elle a marché en dehors de sa chambre sans ressentir de douleur dans la poitrine. Cette activité n'étant pas permise, il est important de le rapporter. Éventuellement, cela pourrait être utile pour diagnostiquer un problème infirmier de *non-observance*. Il est bon de souligner que malgré tout, cela n'a pas causé de douleur.

4. L'infirmière lui a rappelé qu'elle ne pouvait se promener en dehors de sa chambre. Cela montre l'intervention qui a été faite.

Il n'est pas nécessaire d'écrire une note sur son alimentation, puisqu'elle a mangé comme d'habitude. Même si la pression artérielle est élevée, on ne donne pas plus de détails dans les notes puisque cela correspond à la valeur habituelle de la cliente ; on l'inscrit seulement sur la feuille de signes vitaux. Comme elle n'a aucun problème urinaire, il n'est pas approprié de noter la miction. On y porterait plus d'attention si le fait de se rendre à la toilette déclenchait de la douleur.

Une note d'observation doit être **factuelle**, c'est-à-dire ne contenir que des faits, sans les interpréter. On doit les rapporter en toute objectivité. On définit un **fait** comme ce qui arrive naturellement, une action, un évènement, la manière dont celui-ci s'est passé ; c'est une chose avérée, la vérité certaine[34]. L'**objectivité** est la qualité d'une personne qui porte un jugement objectif, qui sait faire abstraction de ses préférences ; c'est ce qui est conforme à la réalité, ce qui décrit une chose avec exactitude[35]. Les interprétations et les jugements de valeur sont inacceptables[36-37].

Pour décrire un fait, l'infirmière se base sur des informations objectives et subjectives. Une donnée **objective** est recueillie par les sens ou à l'aide d'instruments. Elle peut être vérifiée selon une norme établie et constatable par plusieurs personnes, de la même façon, avec les mêmes critères. Tous s'entendent pour dire qu'une orange a une couleur jaune, une forme sphérique, une pelure parsemée de pores et une odeur... d'orange. Voici des exemples d'**observations objectives** : wheezing, respiration stertoreuse, isocorie, raideur de nuque, hématurie, rougeur sur la peau, égratignures, exsudat sanguinolent, peau sèche, odeur nauséabonde d'un écoulement de plaie, vomissement alimentaire, selles noires, P.A. 120/78, masse de 75 kg, plaie de 2 cm de diamètre, glycémie capillaire de 4,8 mmol/L, crier, marcher en se traînant les pieds, frapper le matelas avec ses poings, des vêtements qui sentent l'urine, etc.

Par contre une donnée est **subjective** lorsqu'elle est décrite par le client lui-même en relation avec ce qu'il ressent ou perçoit. La douleur en est un excellent exemple. L'infirmière ne peut la voir, la sentir, l'entendre ou la toucher. Elle doit se fier à la description que le client en fait. Par contre, elle peut observer objectivement qu'il grimace, qu'il présente de la diaphorèse, qu'il adopte une position repliée ou qu'il gémit. Voici quelques exemples d'**observations subjectives** fournies par le client : sensation d'engourdissement ou de picotement, prurit, hallucinations, étourdissement, sensation de faiblesse, appétit, toutes les émotions ressenties, etc.

Pour respecter l'objectivité quand on décrit une chose, il est important d'éliminer tout ce qui peut être interprétable. Certains adverbes de quantité ou certains adjectifs qualificatifs peuvent avoir un sens différent selon la personne qui les utilise. Ils sont vagues. On s'abstient d'utiliser des mots comme *bien, peu, beaucoup, très, grand, petit, abondant*[38], etc. Leur signification varie selon la connaissance, la formation et l'expérience de quelqu'un.

Des termes pouvant être interprétés sont acceptables quand ils réfèrent à la subjectivité du client et non à celle de l'intervenant. On peut écrire qu'un client *se plaint de douleur intense* puisque c'est lui qui la quantifie et non l'infirmière.

Dans la description de la condition clinique, seules les observations objectives et subjectives sont acceptables.

Dans la mesure du possible, les informations subjectives doivent être supportées par des annotations subjectives.

Dans les exemples suivants, lequel représente une observation subjective ?

a) Toux sèche.

Passez à la page 44.

b) Vision embrouillée.

Passez à la page 45.

Voilà bien une donnée **objective**. L'infirmière utilise son sens de l'ouïe pour reconnaître un type de toux. D'autres pourraient faire la même constatation. Ce n'est donc pas subjectif.

Rappelez-vous qu'une information est objective quand elle est recueillie par les sens ou obtenue en utilisant un instrument de mesure (mètre à mesurer, pèse-personne, toise, glucomètre, saturomètre, contenant gradué en millilitres, densimètre, montre, bâtonnets réactifs, etc.). On ne doit pas employer de mots qui ont un sens relatif lorsqu'on décrit une manifestation objective. Il est préférable d'écrire :

« Expectore des sécrétions épaisses, verdâtres. »

« Rougeur au coccyx de 5 cm de diamètre persistant 45 minutes après le changement de position. »

« Pansement souillé de la grandeur d'un 25¢ de liquide séreux. »

« Évacue des selles brunes molles. »

au *lieu* de :

« Expectore des sécrétions épaisses, verdâtres, abondantes. »

« Petite rougeur au coccyx. »

« Pansement peu souillé de liquide séreux. »

« Évacue des selles brunes, molles, moyennement abondantes. »

Revenez à la page 43 et choisissez l'autre réponse.

En effet, c'est un exemple de donnée **subjective**. C'est le client qui doit décrire comment il voit les choses, s'il les distingue clairement ou non.

Dans la description de ce type d'informations, on utilise des verbes qui mettent en évidence la source subjective :

> « *Se plaint de vision embrouillée.* » ou « *Dit qu'il voit embrouillé.* ».
>
> « *Accuse céphalée frontale.* »
>
> « *Se plaint d'engourdissement à la main droite.* »
>
> « *Dit qu'il n'a pas d'appétit depuis qu'il prend son nouveau médicament.* »
>
> « *Dit : "Je sens des vers me manger l'estomac."* »

Attention ! La vision embrouillée en tant que telle constitue une donnée subjective, mais l'infirmière peut constater objectivement des manifestations qui l'accompagnent : le client plisse les yeux, il s'agrippe aux meubles quand il marche, il tâtonne pour trouver un objet, etc. Une note formulée adéquatement comprendrait à la fois ce qui est subjectif et objectif :

> « *Se plaint de vision embrouillée. Marche dans la chambre en se tenant après les meubles, tâtonne avant de saisir ses vêtements.* »

Continuez à la page 46.

ANALYSE D'UNE SITUATION CLINIQUE

Monsieur Lemay a 74 ans. Il est cardiaque depuis plusieurs années et même s'il peut marcher, il se déplace en chaise roulante dans son logement. Il vit avec son épouse.

Une infirmière le visite à tous les deux jours pour vérifier sa pression artérielle. En arrivant ce matin, elle trouve que l'appartement est malpropre. Elle constate que le client présente de l'œdème à godet aux chevilles. Il dit qu'il n'a pas pris son médicament diurétique. Quand elle pose d'autres questions, le client prend du temps à répondre parce qu'il est essoufflé. Les valeurs des signes vitaux sont les suivantes : P.A. 170/98, P 92, R 34. Quand le client lui dit qu'il est incapable de se laver, l'épouse ajoute : *"Il ne veut jamais que je l'aide"*. L'infirmière pense qu'il est un peu paresseux.

Quels sont les faits que l'infirmière devraient rapporter dans ses notes ?

1. Œdème à **godet** aux chevilles. Elle utilise ses sens de la vue et du toucher pour le constater.

2. Le client dit qu'il n'a pas pris son médicament diurétique. L'information vient du client directement.

3. Il est **essoufflé**. L'infirmière voit et entend le type de respiration.

4. Les valeurs des signes vitaux. Elle emploie un instrument pour mesurer la pression artérielle. Elle utilise ses sens du toucher et de la vue pour évaluer le pouls et la respiration.

Quels sont les jugements que l'infirmière porte et qu'elle ne devrait surtout pas consigner dans ses notes ?

a) L'appartement est malpropre. La propreté du logement du client ne correspond probablement pas aux critères de l'infirmière.

b) Elle pense qu'il est un peu paresseux. Elle ne doit pas mettre une telle étiquette au client. Elle devrait plutôt décrire ce qui l'amène à penser cela.

Une note est **précise** lorsqu'elle ne contient aucun élément superflu et qu'elle n'est pas interprétable. Elle est comprise de la même façon par toutes les personnes qui la lisent et ne laisse aucune incertitude. Il est de mise de rapporter les faits en utilisant un vocabulaire descriptif. L'utilisation des termes techniques médicaux est fortement recommandée, à moins que vous ne soyez pas certaine de leur sens.

Pour vous aider à préciser davantage vos notes, posez-vous les questions suivantes :

Qui ? C.-à-d. qui rapporte les événements dont on n'a pas été témoin et qu'on désire consigner au dossier ?

Exemple : *« Selon son épouse, aurait fait une chute dans la toilette. »*

Quoi ? C.-à-d. qu'est-ce que j'ai vu, entendu, senti, palpé ou mesuré en relation avec la condition actuelle du client ?

Exemples : *« Miction de 300 ml, urine de couleur orangée, d'odeur nauséabonde. »*
« Vomissement bilieux verdâtre de 150 ml. »
« Pieds froids, cyanosés. »
« Respiration stertoreuse. »

Quand ? C.-à-d. à quel moment ou dans quelles circonstances l'événement s'est-il produit ? **À quelle heure** le client s'est-il plaint de douleur ? A-t-il présenté un signe anormal ? Ai-je fait telle intervention directe ? Ai-je noté un résultat de mes interventions ? Ai-je averti le médecin ? etc.

Exemples : *« 14:20 Ecchymose au coude gauche. »*
« 08:30 Se plaint de nausées. »
« 21:15 Accuse douleurs généralisées à 8/10. 21:20 Analgésique p.o. donné. 22:30 Dit que les douleurs sont diminuées à 5/10. »
« Dit qu'il a ressenti des étourdissements en se levant du fauteuil. »

Où ? C.-à-d. la localisation exacte. Où le client dit-il qu'il a mal ? Où présente-t-il une plaie ? etc.

Exemples : *« Plaie en forme d'étoile à l'arcade sourcilière droite. »*
« Se plaint de douleur à l'hypocondre droit. »
« Accuse céphalée temporale gauche. »
« Se plaint d'engourdissement au pouce et à l'index gauches. »

Une des observations suivantes est bien précisée. Laquelle ?

a) « 11:10   Congestionné. Tousse beaucoup, expectore peu.
                  Dyspnéique ++. »

Passez à la page 50.

b) « 09:00   Escarre au coccyx de 2 cm de diamètre. Pourtour rouge,
                  Ø exsudat. »

Passez à la page 51.

Vous trouvez que l'observation *a)* est précise ? Il n'en est rien. Le terme *congestionné* ne décrit pas spécifiquement l'état respiratoire du client ; il peut être utilisé pour d'autres organes. Il est possible de préciser la difficulté respiratoire. Quelles sont les caractéristiques des paramètres de la respiration : fréquence, rythme, amplitude ? Le client a-t-il une respiration embarrassée, bruyante, sifflante ? Y a-t-il présence de râles pulmonaires à l'auscultation ? Observe-t-on un battement des ailes du nez ? Autant de questions qui gagneraient à être précisées.

Les termes *beaucoup* et *peu* sont facilement interprétables. Ils n'ont de sens que pour la personne qui les a écrits puisque c'est elle qui peut expliquer ce qu'elle a voulu dire exactement.

On utilise à tort les +++ pour quantifier une manifestation ou en mesurer l'intensité. Ils ont une signification relative et sont donc à proscrire.

Que pensez-vous de cette correction ?

« Respiration embarrassée et superficielle à 32/min. Toux grasse, incapable d'expectorer. »

Revenez à la page 49 et choisissez l'autre réponse.

Il n'est pas possible de mal interpréter cette observation puisque toute infirmière sait ce qu'est une escarre. En plus, on précise sa localisation et sa grandeur ; la mesure de 2 centimètres est la même pour tout le monde. Le symbole Ø signifie *absence de* et n'a pas d'autre signification. On mentionne que la peau entourant la plaie est rouge, et non violacée ou bleutée.

L'utilisation des termes techniques médicaux est de rigueur pour décrire une situation clinique[39]. Ce vocabulaire fait partie de la formation initiale de l'infirmière. Il favorise une meilleure compréhension de l'information transmise. En plus, il contribue à donner plus de crédibilité aux notes.

Il ne faut pas craindre d'employer une terminologie spécifique. L'infirmière ne pose aucun diagnostic médical quand elle affirme que le client se plaint de *céphalée*, qu'elle a observé de l'*hématurie,* une *ecchymose* ou des *pétéchies,* qu'elle a entendu des *sibilances* à l'auscultation, qu'elle a senti une *haleine éthylique,* qu'elle a palpé une *masse* au quadrant supérieur gauche du sein gauche.

Passez à la page 52.

Une note **concise** exprime beaucoup de choses en peu de mots. Elle est brève, mais dense en informations. Il faut essayer de faire des phrases courtes et éviter les détails inutiles ou redondants[40]. L'utilisation des abréviations est recommandée à condition qu'elles n'aient qu'un sens et qu'elles ne portent pas à confusion[41]. Les symboles reconnus et les termes techniques médicaux aident à raccourcir les notes sans que ce soit au détriment de la qualité de leur contenu.

Par exemple, au lieu d'écrire que le client ne se souvient ni de l'endroit où il se trouve ni du jour, de la date, de l'année en cours, et qu'il ne reconnaît pas les personnes qui l'entourent, on simplifie l'observation par l'expression *désorienté dans les trois sphères*. Cela exprime la même chose en peu de mots, sans en perdre le sens.

> Laquelle des notes suivantes est suffisamment informative tout en étant concise ?

a) « 19:45 Resp. Cheyne-Stokes $\bar{c}$ apnée de 10 s. »

Passez à la page 54.

b) « 11:00 SNV CCMS. »

Passez à la page 55.

c) « 02:20 Souffrant +++. »

Passez à la page 56.

Dans la note *a)*, il est question d'un type de respiration caractérisé par une amplitude respiratoire croissante, de superficielle à profonde, puis décroissante, de profonde à superficielle, suivie d'un arrêt plus ou moins prolongé avant de reprendre ce même cycle. Le terme *Cheyne-Stokes* décrit cette respiration et est compris de tous. Il est important de mesurer la durée d'une période d'apnée.

Les abréviations « *resp.* » et « *s* » sont acceptables pour les mots *respiration* et *seconde*. Le symbole c̄ veut dire *avec*. Référez-vous à l'annexe IV pour une liste d'abréviations et de symboles utilisables pour raccourcir vos notes. Rappelez-vous que pour les employer, il ne doit pas y avoir d'ambiguïté possible. Autrement, les inscriptions pourraient perdre de leur crédibilité.

En peu de mots, il est possible de décrire des observations qui informent précisément de la situation clinique du client. Il faut répandre l'usage du vocabulaire scientifique connu pour être précis et descriptif dans les annotations au dossier.

Passez à la page 57 et poursuivez votre lecture.

Cette note est très courte. Mais la comprenez-vous bien ? Informe-t-elle clairement de la condition neurovasculaire ? Aviez-vous deviné que c'était de cela dont il était question ? Pour votre information, voici la signification de ces lettres :

S   Signes
N   Neuro
V   Vasculaires

C   Coloration
C   Chaleur
M   Mobilité
S   Sensibilité

Malgré sa brièveté, on ne sait pas à quel membre l'infirmière a vérifié les signes neurovasculaires. On en apprend encore moins sur les signes comme tels. Quelle est la coloration ? Le membre est-il chaud, froid ou tiède ? Le client peut-il le bouger ? Perçoit-il les sensations douloureuses ?

Il ne faut pas utiliser les abréviations à excès, dans le seul but de raccourcir les notes. Elles servent à cela, bien sûr, mais elles doivent d'abord informer précisément sur la condition du client.

Cette correction est-elle plus compréhensible ?

« 08:10   Pied dr. tiède, rosé, sensible au toucher. Bouge ses orteils. »

Revenez à la page 53 et choisissez une autre réponse.

On retrouve trop souvent une telle note pour mentionner que le client éprouve de la douleur. Il ne va pas de soi qu'il a mal au côté gauche parce qu'il a une fracture à la hanche gauche. Il peut tout aussi bien ressentir de la douleur dans toute la jambe ou dans la région lombaire. Quand vous lisez cette note, savez-vous exactement où le client a mal ? Quel est le type de douleur ? Y a-t-il des facteurs qui la déclenchent ou l'accentuent ? Quelle en est l'intensité ? Y a-t-il des signes concomitants ? Autant de questions qui restent sans réponse.

Que veulent dire les +++ ? Est-ce révélateur de l'intensité exacte de la douleur ? N'oubliez pas que c'est une manifestation **subjective** et que seul le client peut la quantifier. En raison de sa courte expérience en soins infirmiers, une élève infirmière de première année ne peut avoir la même vision de l'intensité de la douleur qu'une infirmière expérimentée. Cela varie même d'une infirmière à l'autre. C'est pourquoi il faut s'en tenir à l'évaluation subjective que le client fait et ne pas le traduire par des ++++. Leur usage est à bannir.

La note est brève, mais elle n'informe pas clairement de ce que ressent le client. Seule la personne qui l'a écrite peut expliquer ce qu'elle veut vraiment dire. On ne doit pas perdre la qualité du contenu clinique par souci de raccourcir les notes.

À l'unité IV, nous verrons comment décrire la douleur précisément.

Revenez à la page 53 et choisissez une autre réponse.

Des notes **lisibles** en inspirent la lecture tout en éliminant les erreurs d'interprétation [42-43]. La personne qui lit un dossier ne doit pas avoir besoin de déchiffrer ce qui est écrit pour comprendre. Même si elles contiennent des informations pertinentes sur la condition du client, des notes illisibles perdront leur valeur. La calligraphie peut ne pas être élégante tout en étant compréhensible.

La méthode narrative est une des nombreuses façons de structurer les notes d'observation. Des annotations **chronologiques** se suivent dans le temps. Elles respectent l'ordre de déroulement des évènements infirmiers quant à la date et à l'heure. Ainsi, pas d'acrobatie mentale à faire pour avoir une idée de l'état du client. Voici un exemple de notes chronologiques :

« *2000-06-01*   *08:15*   *Nauséeux, ne mange que la moitié de son déjeuner.*

                              08:30   *Vomissement alimentaire ≈ 100 ml.*

                              09:00   *Nausées persistent. Vomissement alimentaire ≈ 50 ml. Se plaint d'étourdissement. Diaphorèse au visage, faciès pâle.*

                              09:10   *Gravol 100 mg 1 supp. I.R.*

                              10:00   *Dit être moins nauséeux et se sentir encore étourdi. Refuse de se lever.*

                              11:30   *S'assoit au fauteuil. Dit ne plus avoir de nausées.*

                              11:45   *Mange de la soupe, tolère.* »

Parce que la description des évènements est chronologique, il est facile de lire le bloc d'observations et de se faire une idée précise de l'évolution de la condition du client. Tant que la chronologie est suivie, la lecture en est facilitée même si des notes n'ayant aucun lien entre elles y sont ajoutées. Dans l'exemple présenté, on aurait pu inclure qu'un pansement a été changé à 10 heures 30, que le client s'est plaint de douleur à 11 heures, et ne rien perdre du fil de l'histoire.

L'absence de fautes d'orthographe favorise une meilleure compréhension des observations écrites et contribue à une plus grande précision. Des mots comme *dysphagie* et *dysphasie* ne diffèrent que par une lettre, mais n'ont pas du tout la même signification. Plusieurs noms de médicaments se ressemblent quant à

Notes et références

1. GOUVERNEMENT DU QUÉBEC. Règlement sur l'organisation et l'administration des établissements, S-5, r.3.01, dernière modification : 23 mai 1996, à jour au 23 septembre 1997, [Québec], Éditeur officiel du Québec, articles 53, 54, 55, 56, p. 8-9.

2. BLUMENREICH, Gene A. "Significance of Signing Medical Chart on Legal Liability", *AANA Journal,* vol. 67, n° 1, February 1999, p. 13.

3. CASTLEDINE, George. "The Standard of Nursing Records Should Be Raised", *British Journal of Nursing,* vol. 7, n° 2, February 12-25 1998, p. 172.

4. HANSEBO, Görel, Mona KIHLGREN and Gunnar LJUNGGREN. "Review of Nursing Documentation in Nursing Home Wards - Changes After Intervention for Individualized Care", *Journal of Advanced Nursing,* vol. 29, n° 6, June 1999, p. 1472.

5. SMALLMAN, Suzan. "Record Keeping", *Community Nurse,* vol. 4, n°12, January 1999, p. 15-16.

6. CASTLEDINE, George. *Writing Documentation and Communication for Nurses,* Nr Salisbury, Mark Allen Publishing Ltd, 1998, p. 84.

7. WALSH, Catherine. "Patient Records Improve with Unified Case Notes", *Nursing Times,* vol. 94, n° 24, June 17 1998, p. 52.

8. SMALLMAN, Suzan. *Op. cit.,* p. 15.

9. SMALLMAN, Suzan. "Record Time : the UKCC has Produced New Guidelines to Help Nurses, Midwives and Health Visitors Improve their Record Keeping", *Nursing Standard,,* vol. 13, n° 6, October 1998, p. 16.

10. WALSH, Catherine. *Op. cit.,* p. 52.

11. Anonyme. "Documentation Tips", *Home Healthcare Nurse,* vol. 17, n° 3, March 1999, p. 194.

12. PHILLIPS, Ethyllyn. "Managing Risks in Obstetrical Nursing", *The Canadian Nurse,* vol. 95, n° 1, January 1999, p. 46.

13. HANSEBO, Görel, Mona KIHLGREN and Gunnar LJUNGGREN. *Op. cit.,* p. 1463.

14. GOUVERNEMENT DU QUÉBEC. *Règlement sur l'organisation et l'administration des établissements, S-5, r.3.01, Op. cit.*

15. Ares c. Venner (1970) R.C.S. 608.

16. REID, Hubert. *Dictionnaire de droit québécois et canadien*, Montréal, Wilson et Lafleur, 1994, p. 447.

17. *Ibid.*

18. L'acte authentique est celui qui a été reçu ou attesté par un officier public compétent selon les lois du Québec ou du Canada, avec les formalités requises par la loi : les documents officiels du Parlement du Canada et du Parlement du Québec, l'acte notarié, les registres des tribunaux judiciaires ayant juridiction au Québec, les documents officiels émanant du gouvernement du Canada ou du Québec, tels les lettres patentes, les décrets et les proclamations, les registres et les documents officiels des municipalités et des autres personnes morales de droit public constituées par une loi du Québec, les registres à caractère public dont la loi requiert la tenue par des officiers publics, le procès-verbal de bornage (Articles 2813 et 2814 du Code civil du Québec).

    Un acte semi-authentique est un acte qui émane apparemment d'un officier public étranger compétent. Il fait preuve, à l'égard de tous, de son contenu, sans qu'il soit nécessaire de prouver la qualité ni la signature de cet officier (Article 2822 du Code civil du Québec).

19. Article 2832 du Code civil du Québec.

20. Article 2870 du Code civil du Québec.

21. ZAOR, Joann, Suzanne BENOÎT et Pierre BÉLANGER. *Le dossier de l'usager,* Association des hôpitaux du Québec, 1993, p. 9.

22. WILKINSON, Allen P. "Nursing Malpractice : How to Avoid your Day in Court", *Nursing,* vol. 28, n° 6, June 1998, p. 38.

23. CASTLEDINE, George. *Writing Documentation and Communication for Nurses. Op. cit.,* p. 49.

24. PHILLIPS, Ethyllyn. *Op. cit.*

25. BRUGH, Lisa A. "Automated Clinical Pathways in the Patient Record : Legal Implications", *Nursing Care Management,* vol. 3, n° 3, May-June 1998, p. 135.

26. Victor Smith c. Penny Davis Dunlop, 28 janvier 1997.

27. RICHARD, N. "Notes d'observation - une responsabilité professionnelle", *Info Nursing,* vol. 26, n° 2, mars-avril 1995, p. 7.

28. TINGLE, John H. "Nurses Must Improve Their Record Keeping Skills", *British Journal of Nursing,* vol. 7, n° 5, March 12-25 1998, p. 245.

29. BLUMENREICH, Gene A. *Op. cit.,* p. 14.

30. SMALLMAN, Suzan. "Record Keeping", *Op. cit.,* p. 15-16.

31. CASTLEDINE, George. *Writing Documentation and Communication for Nurses, Op. cit.,* p. 117.

32. ORDRE DES INFIRMIÈRES ET INFIRMIERS DU QUÉBEC. *Code de déontologie des infirmières et infirmiers, I-8, r.4, dernière modification : 14 mars 1996, à jour au 24 février 1998,* [Québec], Éditeur officiel du Québec, article 4.01.01, paragraphe h).

33. FEDERWISCH, Anne. "Charting your Way to Valid Outcomes", *Nurseweek,* vol. 11, n° 5, March 6 1998, p. 1.

34. *Dictionnaire Flammarion de la langue française,* juillet 1999, p. 485.

35. *Le Petit Larousse illustré,* 1999, p. 706.

36. SMALLMAN, Suzan. "Record Keeping", *Op. cit.,* p. 15.

37. CASTLEDINE, George. *Writing Documentation and Communication for Nurses, Op. cit.,* p. 131.

38. *Ibid.*

39. HANSEBO, Görel, Mona KIHLGREN and Gunnar LJUNGGREN, *Op. cit.,* p. 1469.

40. CASTLEDINE, George. *Writing Documentation and Communication for Nurses, Op. cit.,* p.48.

41. CIRONE, Nancy R. "Using Abbreviations Correctly", *Nursing,* vol. 28, n° 12, December 1998, p. 17.

UNITÉ III

PRINCIPES DE RÉDACTION DES NOTES D'OBSERVATION

But de l'étude de cette unité

- S'initier aux principes de base guidant la rédaction des notes au dossier.

Objectifs généraux

- Connaître les principes à respecter quand on écrit des notes d'observation ;

- Considérer les pratiques qui confèrent encore plus de crédibilité sur le plan légal aux notes d'observation.

Objectifs spécifiques

Après avoir complété l'étude de cette unité, vous devriez être capable :

- D'identifier correctement un bloc d'observations quant à la date et à l'heure ;

- De rapporter les paroles du client sans que cela prête à interprétation ;

- De corriger de façon acceptable tous les types d'erreur dans un dossier : erreur d'inscription, de dossier, d'identification de feuille ;

- De préciser les moments où l'on doit écrire des notes ;

- De signer correctement un bloc d'observations ;

- D'utiliser judicieusement la *note tardive*.

3.1 Principes généraux

Les principes suivants se veulent avant tout un moyen pour arriver à rédiger des notes d'observation qui reflètent, le plus fidèlement possible, l'état général du client. Les efforts déployés pour les respecter devraient contribuer à développer une attitude neutre dans ce qu'on rapporte[1]. Ils aident donc à garder une disposition mentale d'objectivité. Ce que vous écrivez constitue le portrait du client. Un grand principe à suivre veut que **les notes doivent être écrites de façon à ce que la personne qui les lit, étant extérieure à la situation, en ait une perception claire et objective sans en avoir été le témoin direct**. Les lecteurs devraient donc être capables de *voir*, de *visualiser* le client à travers vos mots[2].

1. **Les notes s'écrivent au temps présent, jamais au futur.**

    Par exemple :

    « Se plaint de brûlures lorsqu'il urine. »

    « Dit se sentir anxieux face à son opération. »

    « Cyanose et froideur des orteils droits. »

    « Dit qu'il n'a pas d'appétit. »

    De telles formulations démontrent l'état **actuel** du client, au moment où l'infirmière recueille l'information et fait l'observation. Parce que les notes sont un compte rendu descriptif des faits, on ne peut écrire en utilisant le futur. Un fait se situe dans le présent ou le passé. Une note comme celle qui suit est inacceptable : « *Sera vu par le médecin lors de sa visite* ». Nous n'avons aucune assurance que cela arrivera. Il vaut mieux s'en tenir à détailler ce qui existe dans le moment présent.

2. **Il faut s'appliquer à écrire proprement et lisiblement[3-4-5].**

    Qu'on ait une écriture script ou cursive, il est plus attirant de lire des notes disposées clairement. Pour cela, il est recommandé de commencer le premier mot d'une phrase par une lettre majuscule et de séparer les sujets n'ayant aucun lien entre eux, soit en changeant de ligne, soit en utilisant judicieusement la ponctuation.

3. Le moment où l'observation est faite doit être inscrit rigoureusement[6-7].

La date complète doit être indiquée pour chaque service. Elle sert de point de repère visuel entre les quarts de travail, surtout dans les établissements où on utilise la même couleur pour l'inscription des notes[8]. Selon l'Office de la langue française, la présentation entièrement numérique de la date doit être constituée de la façon suivante : quatre chiffres représentant l'année ; deux, le mois et deux, le quantième[9]. Si on utilise des séparateurs, on doit mettre un trait d'union, un espace insécable entre chaque partie ou ne laisser aucun espace. Par exemple, le 1er juin 2000 peut s'écrire de trois manières : 2000-06-01 ou 2000 06 01 ou 20000601. Jusqu'à récemment, il était admis de n'utiliser que deux chiffres pour désigner l'année. À cause du changement de millésime, une telle notation pouvait être ambiguë ; il est préférable d'éviter cette façon de noter l'année et de toujours écrire les quatre chiffres[10].

L'heure doit être indiquée selon la période de 24 heures[11], en se rappelant que seuls les deux points (:) sont admis comme séparateurs[12]. On écrit donc 15:45 pour 3 heures 45 minutes de l'après-midi (et non 3h45 p.m.) ; 23:20 pour 11 heures 20 minutes du soir (et non 11h20 p.m.) ; 00:30 pour minuit 30 minutes. Par exemple, *« 2000-06-01 08:25 »* signifie le *1er juin 2000 à 8 heures 25 minutes de l'avant-midi.*

Rappelez-vous que la date et l'heure sont deux renseignements très importants. En cas de problèmes litigieux, ces détails peuvent avoir un impact majeur pour reconstituer un fait et le situer dans le temps.

4. Il faut éviter tout ce qui peut conduire à des erreurs d'interprétation.

Dans certaines situations, on citera les paroles exactes du client. On utilisera alors les deux points (:) et les guillemets (" "). Par exemple :

« Dit : "J'ai peur de devenir folle, ne me laissez pas seule." »

L'utilisation de la paraphrase, c'est-à-dire reprendre les propos du client dans nos propres mots, est acceptable. Cependant, cela ne doit pas amener des difficultés ou traduire des observations qui ne sont pas vraies. Pour reprendre l'exemple précédent, on ne pourrait pas formuler la note de cette façon :

« A peur de devenir folle. »

C'est à l'infirmière de juger si elle doit procéder de cette manière. Quand les propos du client sont considérés pertinents, mieux vaut les citer textuellement.

Les termes vagues ne doivent pas être utilisés dans le libellé d'une note[13]. Des mots comme *bon, normal, adéquat, suffisant, bien, peu, abondant, beaucoup, très, moyen, gros, grand, petit,* etc., ne sont ni clairs ni descriptifs. Que veulent dire les expressions suivantes ?

« Miction normale. » :	200, 300 ou 400 ml d'urine jaune clair ?
« Bon comportement. » :	Est-ce le fait de se conformer aux règlements ? D'agir selon un patron défini ?
« Selle abondante. » :	Au-delà de quelle quantité peut-on affirmer que c'est abondant ?
« Circule peu. » :	Quelle distance doit être parcourue pour dire que c'est *peu, suffisant, beaucoup* ?

Nous verrons au fur et à mesure comment traduire ce type d'expressions en termes observables, dans les situations où il est pertinent de le noter.

5. Les formulations stéréotypées sont à bannir[14-15].

Elles sont vides de sens et ne sont pas clairement informatives puisqu'elles ne sont pas personnalisées à chaque client. Elles sont interprétables. On lit trop souvent des notes comme : *S'alimente bien, Circule à volonté, Aucune plainte formulée, Visiteurs au chevet, Repose au lit, Installation confortable, Bonne nuit,* etc. Ces formules toutes faites peuvent s'appliquer à plusieurs clients ; on ne peut donc pas visualiser mentalement Monsieur X ou Madame Y. Nous croyons qu'elles sont utilisées comme solution de dépannage quand on ne sait pas quoi écrire.

De même, les +++ ont une signification relative qui diffère d'une infirmière à l'autre. Leur utilisation est à proscrire. Cependant, ils seraient acceptables dans le cas où on les définit. Par exemple, pour déterminer le degré de souillure d'un pansement, on pourrait se référer à une légende qui expliquerait ce que signifie +, ++, +++ ou ++++. En employant une mesure d'évaluation commune, il n'y a pas d'interprétation possible. Outre cette exception, ils sont à bannir.

Plusieurs auteurs s'entendent pour dire que les expressions *semble être, paraît être* ou *a l'air* sont à éviter. En effet, elles laissent suspecter un doute. Quand l'infirmière remarque qu'un client a l'air anxieux ou qu'il semble préoccupé, elle s'appuie sur des signes objectifs ou subjectifs. Elle peut donc confirmer sa supposition en poussant son évaluation plus à fond. Si minces soient-ils, ce sont ces indices qu'elle devrait consigner et non ce qu'elle présume. Par contre, il est parfois difficile d'affirmer avec assurance que quelqu'un est réellement endormi. Un client peut être calme dans son lit, ne pas bouger, avoir une fréquence respiratoire diminuée, garder les yeux fermés et ne pas dormir. C'est pourquoi il est acceptable d'écrire *semble dormir*. Au réveil, on peut en avoir la confirmation en le demandant au client.

Il n'est pas nécessaire d'employer les mots *patient, client, bénéficiaire, usager* ou *résident,* car il est évident que c'est de lui dont il est question puisque c'est son dossier.

6. **Les notes doivent être complétées par la personne qui pose l'acte et qui fait l'observation**[16-17].

Ce n'est pas un service à rendre que d'inscrire des renseignements à la place d'une collègue. Il pourrait y avoir de la distorsion ou des omissions. Il est de la responsabilité de l'infirmière qui a effectué une intervention ou qui a été témoin d'un évènement de le documenter au dossier. On n'écrit donc pas de notes pour quelqu'un d'autre. Cependant, la réalité du travail en milieu hospitalier peut en inciter à enregistrer des soins prodigués par une compagne. Si cela se fait, il est recommandé d'identifier celle qui a posé l'acte. Par exemple :

« 10:30 Sonde Foley N° 14 installée par A. Lapointe inf. »

À défaut de ne pouvoir obtenir la signature de celle qui a exécuté l'intervention, on indique son nom et son titre professionnel. Il faut savoir que la personne qui signe un bloc d'observations est responsable de ce qui est écrit[18] et est liée par son contenu. Contresigner implique qu'on a une connaissance personnelle des faits[19]. Même si on n'a pas posé l'acte enregistré, cela revient à dire qu'on est en mesure d'en témoigner et qu'on approuve ce qui est noté[20].

On ne laisse pas de lignes libres pour qu'une compagne écrive ses notes dans le dossier d'un client sous nos soins[21]. Si elle avait besoin de plus d'espace, son écriture en serait modifiée, voire difficile à lire, ou elle serait encline à continuer ses descriptions dans la marge. Cette pratique n'est pas recommandée. Dans un même ordre d'idées, on tracera un trait dans tout espace vide, un peu comme sur un chèque, s'il reste quelques lignes inutilisées dans le bas d'une page ou si on a omis de se servir d'une page complète. Cela évitera que quelqu'un d'autre ajoute des informations subséquentes[22]. Cependant, suite à cette habitude, il est courant de voir des lignes tirées dans le moindre petit espace et un peu à la volée. En plus de rendre une feuille malpropre, cela ne donne pas envie de lire ce qui est écrit.

Lors des manoeuvres de réanimation, une infirmière de l'équipe est attitrée à la rédaction des notes. Elle précise qui fait quoi par rapport à chaque acte posé. Elle n'intervient pas directement. Comme elle est témoin de ce qui est fait, elle peut donc témoigner des évènements[23]. Tous les intervenants devraient contresigner les points qui les concernent.

Quand l'infirmière est informée d'un problème reconnu pertinent, mais qu'elle ne l'a pas constaté elle-même, elle se doit d'identifier la source de renseignements quand ce n'est pas le client[24]. Les observations qu'elle fait par la suite seront consignées. Par exemple :

« 20:15 Aurait fait une chute dans la toilette et se serait frappé la tête contre la barre d'appui. Incident rapporté par sa fille. Éraflure de 4 cm au front, nettoyée avec NaCl. Dit qu'il ne se souvient pas d'être tombé. »

7. **On ne doit jamais faire planer de doutes sur nos intentions.**

Il est inacceptable d'écrire de l'information sur le client entre les lignes ou dans les marges[25]. Il est alors facile de conclure que c'est un rajout. Une bonne intention peut être mal perçue. Si on manque d'espace, il est plus simple de continuer sur la prochaine ligne disponible ou de prendre une nouvelle feuille.

8. On ne doit jamais faire disparaître d'information sous quelque forme que ce soit.

Les notes déjà écrites ne doivent, sous aucune considération, être altérées[26]. C'est même une obligation déontologique[27]. On ne corrige pas les fautes d'orthographe. On écrit toujours à l'encre indélébile[28-29] et l'usage de stylo à pointe feutre n'est pas permis.

L'utilisation de liquide correcteur est formellement interdit[30-31-32], et ce, pour toutes les feuilles du dossier. On ne doit jamais effacer ou faire des ratures[33-34].

Si l'on doit recopier des notes, peu importe la raison (café répandu, feuille déchirée), on le spécifie de la façon suivante, et on en donne la justification[35] :

« *Notes recopiées de l'original en date... feuille déchirée.* »

On garde toujours la copie et la feuille d'origine ensembles au dossier[36]. Des sections de feuille ne doivent être coupées sous aucun prétexte[37]. Aucune raison ne justifie la disparition d'une partie du dossier. En cas de poursuite légale, cela constitue un problème grave.

9. Les erreurs doivent être corrigées de manière acceptable.

Cela doit se faire dès qu'on le constate[38]. La pratique à respecter est la suivante[39-40] :

- On tire un trait sur l'erreur, ou on la place entre parenthèses. On doit toujours être en mesure de lire ce qui est écrit ;

- On spécifie le type d'erreur avec les expressions FAUSSE NOTE ou ERREUR DE DOSSIER, écrites au-dessus ou à côté, en lettres détachées pour que ce soit plus clair. Il vaut mieux ne pas utiliser le mot ERREUR pour souligner une inscription erronée, puisque cela pourrait être source d'ambiguïté. En effet, il serait facile de conclure qu'il y a eu une erreur d'acte, plutôt qu'une erreur de note ;

- On ajoute nos initiales et la date de la correction.

Par exemple :

Fausse

« *10:30 Pansement humide refait* ~~au genou~~ *au coude.* »   *note P.L.*

Erreur au dossier P.L.   2000-06-01

« *09:30 Aucune miction depuis hier soir à 21 heures 30. Globe vésical. Dit qu'elle sera capable d'uriner d'elle-même, refuse cathétérisme. Boit 200 ml d'eau.*

10:15 Levée sur chaise d'aisance. Miction de 450 ml, urine jaune clair. »

Si l'on s'aperçoit qu'une erreur d'identification de feuille a été commise, et qu'on est absolument certain que le contenu concerne le bon client et qu'elle est insérée dans le bon dossier, on la rectifie ainsi :

- On met la mauvaise identification entre parenthèses ;

- On précise le type d'erreur en employant l'expression ERREUR D'IDENTIFICATION, écrite en lettres détachées, au-dessus ou à côté ;

- On appose la date de la correction et ses initiales ;

- Avec la bonne carte adressographe, on identifie correctement un papier autocollant blanc que l'on place à côté de l'erreur, et non par-dessus.

Même s'il est possible de corriger une erreur de façon acceptable, ce n'est pas une raison pour être inattentif lorsqu'on écrit. Une page pleine de corrections n'en incite pas la lecture et est malpropre. Malgré la qualité de leur contenu, trop d'observations corrigées pourraient perdre leur crédibilité.

10. Pour s'assurer d'une description chronologique des évènements, **les notes sont rédigées au fur et à mesure**.

Il arrive qu'on oublie de rapporter une observation en suivant la séquence de déroulement des faits. On l'écrit tout simplement sur la prochaine ligne disponible. Évidemment, la chronologie ne sera pas respectée, mais cela se passe pendant le même quart de travail. Il est également possible qu'une infirmière ne puisse terminer ses notes avant la fin de son service si elle ne peut accéder au dossier parce qu'il n'est pas sur l'unité. Elle peut le compléter à l'endroit où il se trouve avant de quitter. Cependant, il est permis de rajouter des notes, même quelques jours plus tard, si l'on juge qu'un renseignement est pertinent[41]. On spécifie alors que c'est une NOTE TARDIVE et on procède de la manière suivante[42] :

- On inscrit la date et l'heure de l'ajout de la note et non celles où l'observation a été faite ;
- On mentionne que c'est une NOTE TARDIVE et on donne la raison du retard ;
- On précise la date et l'heure de l'observation réelle et on la décrit telle qu'on aurait dû le faire au bon moment ;
- On complète en signant.

Par exemple :

« 2000-06-02   08:10   Note tardive pour le 2000-06-01 à 15:45 alors que le dossier était au service de physiothérapie. Retrouvé par terre dans la toilette. Dit qu'il n'est pas tombé mais qu'il s'est laissé glisser. N'avait aucune blessure apparente. L. Labrosse inf. »

Tout en étant acceptable, cette pratique peut être contestable en cas de poursuite judiciaire. La fidélité d'une note inscrite tardivement peut être mise en doute. Entre le moment où l'évènement s'est produit et celui où la note est écrite, il se peut qu'il y ait eu des changements significatifs dans l'état du client. La personne ne serait probablement plus dans une totale disposition mentale d'objectivité. Il est plutôt exceptionnel de recourir à une telle pratique. On peut éviter des désagréments en s'appliquant à terminer les notes avant de quitter le lieu de travail.

11. Il faut éviter les répétitions inutiles.

Ce qui est enregistré ailleurs dans le dossier n'a pas besoin d'être répété dans les notes d'observations. Le renvoi aux feuilles spéciales ne nous apprend rien sur le client. Une infirmière n'ira pas lire les notes de ses collègues si elle se pose des questions comme : Quelles sont les valeurs des derniers signes vitaux ? Le médecin a-t-il fait de nouvelles prescriptions ? Quelle quantité de soluté le client a-t-il reçu dans le service précédent ? Elle consultera directement les feuilles spécifiques. Le seul fait d'enregistrer les signes vitaux, les dosages ou d'autres paramètres au bon endroit prouve bien que cela a été fait. Les expressions *Signes vitaux sur feuille spéciale, Dosage I & E sur f. sp., Voir nouvelle]*, etc., ne sont donc pas nécessaires.

12. **La personne qui signe un dossier est responsable de ce qui est écrit.**

Pour faciliter l'identification du professionnel, la signature doit être complète, c'est-à-dire comporter le prénom et le nom de famille avec l'abréviation du titre. Il est possible de n'utiliser que l'initiale du prénom.

Par exemple :   *Louise Lefebvre inf. L. Lefebvre inf.*

L'Ordre des infirmières et infirmiers du Québec suggère que l'élève inscrite au programme de soins infirmiers dans un collège emploie l'abréviation *Ét. soins inf.* L'étudiante en sciences infirmières à l'université devrait utiliser l'abréviation *Ét. sc. inf.*

Par exemple :   *Lunie Louis-Jeune Ét. soins inf.*

La candidate en attente de son permis d'exercice peut utiliser les abréviations suivantes pour désigner son titre professionnel : *dipl. soins inf.* pour la graduée d'un programme collégial et *dipl. sc. inf.* pour la diplômée en sciences infirmières.

Il n'est pas acceptable de signer en dehors des lignes. Lorsqu'il s'agit d'une signature qui termine des annotations en bas d'une page, on signe au bas de cette page, même en dehors du cadre de la feuille, plutôt que de retrouver une signature isolée en haut de la page suivante ou sur une autre feuille.

Si on s'aperçoit que des notes n'ont pas été signées, on ne doit pas supposer que la personne l'a oublié. On ne lui laisse pas de ligne pour qu'elle le fasse plus tard. Quand on sait qui n'a pas signé, on peut le rapporter ainsi :

« 16:00 Absence de signature de Julie Larousse/ L. Ling inf. »

L'infirmière qui le mentionne n'endosse pas ce qui a été écrit par sa compagne. Cela ne fait que prouver que la signature n'y est pas alors qu'elle devrait y être.

3.2 Quand doit-on écrire des notes ?

En centre hospitalier de soins de courte durée, il est habituel de rédiger des notes pour chaque quart de travail. Comme il n'existe aucune précision légale quant à la fréquence de rédaction des dossiers, on doit au moins le faire de **façon ponctuelle**, soit à chaque fois que la condition du client le justifie : changement dans son état, complications, détérioration, etc. Dans de tels cas, on devrait faire des notes tant et aussi longtemps qu'il n'y a pas eu rétablissement de la situation problématique. Cela est aussi valable pour les centres hospitaliers de soins de longue durée. On doit suivre la politique de l'établissement concernant les moments de rédaction des observations.

En soins aigus, il est plutôt exceptionnel qu'il n'y ait absolument rien à noter. Il est fortement recommandé, voire prudent, de faire des inscriptions pour chaque service. À la rigueur, on pourrait ne pas faire de notes s'il n'y a rien à communiquer. La plupart des infirmières se sentiront mal à l'aise de ne rien écrire du tout. Il y a quand même un moyen de contourner ce malaise sans composer des notes impersonnelles.

Par exemple :

« De 00:00 à 08:00 Semble dormir lors des tournées horaires. »

« De 08:00 à 16:00 Rien de particulier à noter dans les soins prodigués. »

Ces exemples comportent deux parties : la première réfère aux observations faites ou à la conclusion qu'il n'y a rien de pertinent à détailler ; la deuxième indique que le client a été vu à chaque heure ou que les soins généraux ont été effectués. ATTENTION ! Cette pratique ne doit pas devenir un prétexte facile pour raccourcir les notes ou pour gagner du temps. Il faut toujours se rappeler qu'on doit *visualiser* le client à travers ce qui est écrit. **Le contenu des notes de l'infirmière est toujours déterminé par l'évaluation qu'elle fait de la condition du client.**

Dans les centres hospitaliers de soins de longue durée [43], on recommande que des annotations soient entrées à l'admission du client. Celles-ci mettraient en évidence le profil de ses besoins fondamentaux et ses réactions à sa nouvelle situation d'hébergement. Les infirmières devraient les continuer pendant toute la période d'adaptation au milieu, laquelle peut s'étendre sur dix à quinze jours. La fréquence des **notes périodiques** sera précisée par l'établissement. Qu'elles soient mensuelles, bimestrielles ou trimestrielles, elles devraient coïncider avec la révision du plan d'intervention et contenir des éléments qui en montrent l'évaluation. Elles en reflètent donc la mise à jour. Elles ne doivent pas résumer ce qui s'est passé durant le mois écoulé. Les **notes ponctuelles** sont toujours justifiées.

En santé communautaire, l'infirmière devrait écrire une note après chaque visite à domicile alors que l'information est encore fraîche dans sa mémoire[44].

L'infirmière en pratique privée est tenue de consigner des renseignements au dossier d'un client pour chaque consultation[45]. Cependant, elle n'est pas obligée d'ouvrir un dossier lorsqu'elle fournit un service ponctuel, comme un prélèvement sanguin[46].

Peu importe le secteur d'activités où elle exerce sa profession, l'infirmière doit chercher à consigner ses observations au dossier à un moment le plus rapproché possible des évènements à rapporter[47-48]. En agissant ainsi, elle risque moins d'oublier des points importants et demeure dans une disposition mentale d'objectivité. Aucune situation inopinée, inquiétante ou anormale ne doit être prise à la légère. Il faut en faire mention dans les notes, de même que les interventions immédiatement posées et la réponse du client à celles-ci. C'est la meilleure attitude à adopter pour que les écrits aient une plus grande valeur.

Il est préférable de ne pas attendre à la fin du service pour compléter les notes ; on risque d'oublier des éléments importants. Il est bon de se servir d'un calepin dans lequel on consignera des observations sous forme abrégée. Quand viendra le temps de s'adonner à l'écriture des notes définitives, cet aide-mémoire sera très utile.

Ce n'est pas convenable d'enregistrer de l'information à l'avance[49] ; cela ne fait pas économiser de temps. En plus, rien n'assure que ce qui vient d'être noté sera fait ou observé tel que préalablement inscrit. S'il arrivait qu'on remarque des choses totalement différentes, on serait obligé de corriger l'inscription. Cette pratique est imprudente.

3.3 Fausses croyances quant au moment et à la fréquence de rédaction des notes d'observation

L'insistance mise sur l'aspect légal des notes au dossier suscite des préoccupations exagérées pour lesquelles on adopte des pratiques contraignantes. Parmi ce que l'on pense être des obligations, il y en a deux qui retiennent beaucoup trop d'attention. On croit, à tort, qu'il faut écrire des notes dès le début du service. De même, on se sent obligé de faire une note à chaque heure pour prouver que le client est vu régulièrement. Une telle attitude incite à écrire des notes inintéressantes, mais surtout non pertinentes. Des expressions applicables à toutes les situations peuvent rassurer temporairement, laissant une illusion de protection.

Des formules comme *en service* ou *prise en charge du client* ne prouvent absolument pas que ce dernier a été vu au commencement du quart de travail. Le dossier n'est pas un instrument de contrôle du temps de l'infirmière.

Mentionner qu'un client hospitalisé pour une infection urinaire est *eupnéique à notre arrivée* n'informe nullement des caractéristiques de l'urine. Pour celui ayant un problème respiratoire aigu, cela indique un changement dans son état.

Dire qu'une cliente est *assise au fauteuil en train de lire son journal et buvant un café à 8 heures* est complètement inutile si elle n'est pas à jeun ou qu'elle n'a aucune restriction d'activités. Dans le cas contraire, la question n'est plus la même.

Au début du service, il n'est pas nécessaire d'écrire qu'une cliente est *éveillée* si elle n'a aucun problème entraînant de la somnolence. Si cela représente une modification de son état de conscience, cela devient pertinent.

Écrire qu'un client *repose au lit à 16 heures* montre bien qu'il est couché mais quelle en est l'importance ? De toute façon, qu'est-ce qui prouve qu'il repose vraiment ?

Si la personne n'a pas tendance à fuguer, pourquoi s'obligerait-on à marquer qu'elle est *à sa chambre à notre arrivée* ?

Noter que *la cloche d'appel est à la portée* d'une cliente inconsciente ne renseigne aucunement sur sa réaction aux stimuli douloureux. Pour celle qu'on surprend en train d'essayer de se lever par le pied du lit au moment où on entre dans la chambre pour la première fois, cette note prend un caractère personnalisé.

Pourquoi inscrire que *le site d'installation du soluté est vérifié à chaque heure* ? Une inscription suffit, à moins qu'on y décèle des signes anormaux lors des vérifications subséquentes.

Doit-on absolument signifier que la *sonde vésicale, le soluté, le tube nasogastrique sont en place* ? On l'a détaillé au moment de l'installation. Tant que l'on n'a pas spécifié qu'ils ont été enlevés, ils sont toujours en place.

Est-ce primordial de rapporter que le client est *visité régulièrement* quand son état clinique ne le requiert pas ? Pour celui dont la condition est instable, on consignera chaque observation pertinente, indépendamment de la fréquence des visites.

Quand l'infirmière enregistre les médicaments qu'elle a administrés à 8 heures 30, à 10 heures, à midi, à 14 heures et à 15 heures, qu'elle inscrit les valeurs des signes vitaux pris deux fois par jour ou le résultat d'un test de glycémie capillaire avant un repas, cela prouve bien que le client a été vu à ces moments-là. Si elle a remarqué quelque chose de significatif lors de ces rencontres, elle se doit de le noter.

Malheureusement, de fausses croyances contribuent à dénaturer l'objet premier des annotations au dossier, soit rendre compte de l'état clinique. Lorsque la crainte des plaintes ou des poursuites judiciaires devient la principale motivation à choisir le contenu des inscriptions, on néglige d'individualiser et d'adapter son questionnement. Il faut arriver à démythifier ces peurs. Les informations retrouvées dans les notes de l'infirmière ne devraient pas être dictées par un tribunal, mais par le souci de se conformer aux standards de compétence professionnelle[50].

L'infirmière doit se baser sur la condition du client pour déterminer à quel moment précis elle doit écrire. C'est l'évaluation continue d'un problème de soins qui doit transparaître. Dans les cas litigieux, la richesse des notes peut conduire à une meilleure défense[51]. Elles reflètent alors un trait fondamental d'une pratique compétente[52]. Elles jouent en notre faveur pour démontrer que le client a reçu des soins adéquats[53]. C'est lorsqu'on néglige de consigner les informations requises que l'on peut se retrouver dans une position fâcheuse. Lors d'une situation critique, l'omission de renseignements importants ou la pauvreté des données pourrait laisser présumer une absence d'intervention, une faible évaluation, voire même de la négligence[54].

Ce qui est consigné au dossier par l'infirmière est un fidèle miroir de son jugement clinique.

L'intérêt d'une note est fondamentalement déterminé par la pertinence de son contenu.

Indéniablement, c'est sa grande qualité clinique qui lui confère toute sa crédibilité.

Il est facile de reconnaître une pratique infirmière professionnelle dans une bonne documentation.

ANALYSE D'UNE SITUATION CLINIQUE

Lors du rapport du service de nuit, l'infirmière avise qu'il n'y a rien à signaler pour Monsieur Lewis et Madame Laforce. Les deux sont hospitalisés pour insuffisance rénale et suivent des traitements d'hémodialyse. L'un fait de l'hypertension artérielle et l'autre présente un débalancement de son diabète.

À 8 heures 15, l'infirmière rencontre la cliente pour lui donner son injection d'Insuline. Elle dit qu'elle a bien dormi, comme d'habitude, et qu'elle se sent reposée.

Quand elle entre dans la chambre du client à 8 heures 25, il est en train de procéder à ses autosoins d'hygiène au lavabo. Il est souriant même s'il confie qu'il a hâte d'avoir sa greffe rénale. Il dit qu'il ressent de légers étourdissements. Il a un faciès rouge.

Vers 9 heures, l'infirmière constate que Madame Laforce a pris son déjeuner au complet. À 9 heures 05, Monsieur Lewis se plaint encore d'étourdissements. Sa pression artérielle est alors de 142/88.

Pour lequel de ces clients devrait-on écrire une note au début du service de jour ? Pourquoi serait-ce important de le faire ?

Monsieur Lewis se plaint d'étourdissements et il a le faciès rouge. Ce sont deux informations reliées à son hypertension artérielle qu'il est pertinent de détailler dans le dossier.

Pour Madame Laforce, il ne serait pas nécessaire de commencer les notes au début du service. Dans les informations fournies, il n'y a rien qui vaille la peine d'être détaillé. L'enregistrement de l'administration de l'injection d'Insuline prouve que la cliente a été vue.

Quelles notes l'infirmière devrait-elle écrire alors ?

Pour Monsieur Lewis :

« 08:25 Se plaint d'étourdissements, faciès rouge.

09:05 Se plaint toujours d'étourdissements, P.A. 142/88. »

On voit ainsi l'évolution du problème du client. Si des interventions plus spécifiques étaient appliquées, elles s'ajouteraient à cette note.

Pour Madame Laforce :

« 09:00 A mangé tout son déjeuner. »

Même si c'est normal, cette remarque est pertinente. Elle est appropriée à la condition de la cliente puisque son diabète est débalancé.

78

Notes et références

1. WISSER, Susan H. "Chart Documentation : For Reaching Concerns", *Journal of Neuroscience Nursing*, vol. 30, n° 5, October 1998, p. 329.

2. CASTLEDINE, George. *Writing Documentation and Communication for Nurses*, Nr Salisbury, Mark Allen Publishing Ltd, 1998, p. 131.

3. *Ibid.,* p. 87.

4. ANONYME. "Documentation Tips", *Home Healthcare Nurse*, vol. 17, n° 3, March 1999, p. 193.

5. MEINER, Sue E. *Nursing Documentation : Legal Focus Across Practice Settings*, Thousand Oaks, SAGE Publications Inc., 1999, p. 33.

6. CASTLEDINE, George. *Op. cit.,* p. 48.

7. ANONYME. *Op. cit.*

8. Plusieurs milieux exigent que les notes soient rédigées à l'encre bleue pour le service de jour, à l'encre verte pour le service de soir et à l'encre rouge pour le service de nuit. D'autres n'ont pas cette exigence et permettent que le personnel infirmier écrive à l'encre bleue ou noire pour tous les quarts de travail. L'encre rouge ou verte ne donnent pas de bonnes photocopies.

9. CAJOLET-LAGANIÈRE, Hélène et Noëlle GUILLOTON. *Le français au bureau*, Cahiers de l'Office de la langue française, Québec, Les publications du Québec, 2000, p. 200.

10. *Ibid.*

11. *Ibid.*

12. *Ibid.*

13. Minuit est l'heure zéro. On représente minuit soit par **0 h** (ou par 00 suivis d'autres zéros, dans une représentation numérique) pour indiquer le début d'un jour, soit par **24 h** (ou par 24 suivi de zéros, dans une représentation numérique) pour indiquer la fin d'un jour. *Ibid.,* p. 198.

12. CASTLEDINE, George. *Op. cit.,* p. 131.

13. *Ibid.,* p. 87.

14. CALFEE, Barbara E. "Charting Tips : Avoiding Generalizations", *Nursing,* vol. 28, n° 3, March 1998, p. 17.

15. MEINER, Sue E. *Op. cit.,* p. 50.

16. SMALLMAN, Suzan. "Record Keeping", *Community Nurse,* vol. 4, n° 12, January 1999, p. 15.

17. ANONYME. "Countersigning : Risky Business", *Nursing,* vol. 28, n° 7, July 1998, p. 23.

18. *Ibid.*

19. MAHER, Vincent F. "Countersigning Notes by Others", *Nursing,* vol. 27, n° 6, June 1997, p. 17.

20. CASTLEDINE, George. *Op. cit.,* p. 132.

21. *Ibid.,* p. 49.

22. *Ibid.*

23. *Ibid.,* p. 50.

24. *Ibid.,* p. 132.

25. BRENT, Nancy J. "Amending A Chart After Discharge Can Be Dangerous", *RN,* vol. 62, n° 6, June 1999, p. 66.

26. ORDRE DES INFIRMIÈRES ET INFIRMIERS DU QUÉBEC. *Code de déontologie des infirmières et infirmiers, I-8, r.4, dernière modification : 14 mars 1996, à jour au 24 février 1998,* [Québec], Éditeur officiel du Québec, article 4.01.01, paragraphe *i).*

27. CASTLEDINE, George. *Op. cit.,* p. 49.

28. Le dossier étant un document légal, il n'est pas permis d'utiliser un crayon à mine de plomb puisqu'on ne doit pas effacer des parties du contenu.

29. CASTLEDINE, George. *Op. cit.*

30. CIRONE, Nancy R. "Charting Tips : Correcting Charting Errors", *Nursing,* vol. 28, n° 4, April 1998, p. 65.

31. ANONYME. "Documentation Tips", *Op. cit.,* p. 193.

32. *Ibid.*

33. CIRONE, Nancy R. *Op. cit.*

34. MEINER, Sue E. *Op. cit.,* p. 50.

35. CIRONE, Nancy R. *Op. cit.*

36. *Ibid.*

37. *Ibid.*

38. *Ibid.*

39. CASTLEDINE, George. *Op. cit.,* p. 49.

40. SULLIVAN, Gayle H. "Be Cautious When Charting Updating Charts at a Later Date", *RN,* vol. 61, n° 7, July 1998, p. 60.

41. CIRONE, Nancy R. "Charting Tips : Handling late entries", *Nursing,* vol. 28, n° 7, July 1998, p. 17.

42. DIRECTION DU GROUPE DES CHSLD. *Avis sur les notes d'évolution de l'infirmière au dossier de l'usager en hébergement et en soins de longue durée,* avril 1994, p. 4-5.

43. ANONYME. "Documentation Tips", *Op. cit.*

44. ORDRE DES INFIRMIÈRES ET INFIRMIERS DU QUÉBEC. *La pratique privée en soins infirmiers,* Direction de la qualité de l'exercice, Mars 1996, p. 12.

45. *Ibid.,* p. 16.

46. ANONYME. "Charting Tips : 10 Rules for Good Charting", *Nursing,* vol. 28, n° 5, May 1998, p. 27.

47. SMALLMAN, Suzan. *Op. cit.,* p. 15.

48. CASTLEDINE, George. *Op. cit.,* p. 49.

49. CASTLEDINE, George. "The Standard of Nursing Records Should be Raised", *British Journal of Nursing,* vol. 7, n° 3, February 12-25 1998, p. 172.

50. TINGLE, John H. "Nurses Must Improve their Record Keeping Skills", *British Journal of Nursing,* vol. 7, n° 5, march 12-25 1998, p. 245.

51. *Ibid.*

52. WILKINSON, Allen P. "Nursing Malpractice : How to Avoid your Day in Court", *Nursing,* vol. 28, n° 6, June 1998, p. 38.

53. BRUGH, Lisa A. "Automated Clinical Pathways in the Patient Record : Legal Implications", *Nursing Care Management,* vol. 3, n° 3, May-June 1998, p. 135.

UNITÉ IV

CONTENU DES NOTES D'OBSERVATION

But de l'étude de cette unité

- Aider à sélectionner les informations à rapporter dans les notes d'observation.

Objectif général

- Connaître les renseignements importants à consigner au dossier du client.

Objectifs spécifiques

Après avoir complété l'étude de cette unité, vous devriez pouvoir :

- Décrire sans ambiguïté des manifestations observées chez le client ;

- Décrire les actions entreprises pour y remédier ;

- Décrire les résultats des interventions posées ;

- Décrire clairement certaines attitudes du client face à une situation donnée ;

- Décrire exactement des comportements du client face à une situation donnée ;

- Décrire pertinemment les autosoins ;

- Écrire des notes pertinentes quand le client a un problème d'incontinence ;

- Consigner des observations utiles remarquées lors des changements de position du client ;

- Inscrire correctement les médicaments per os, I.M., S.C., topique, collyre, collutoire et I.R. ;

- Compléter des notes d'admission, de départ et de transfert.

4.1   QUOI ÉCRIRE ?

Il ne faut jamais perdre de vue que les notes d'observation doivent avant tout **renseigner sur le client**. Mais que devons-nous écrire ? Dans les *Perspectives de l'exercice de la profession d'infirmière,* l'Ordre des infirmières et infirmiers du Québec a précisé les informations qui sont à noter[1] :

L'infirmière consigne au dossier...

- *les problèmes du client ;*

- *ses observations ;*

- *les changements et les interventions effectués ;*

- *les médicaments[2] et les traitements administrés ;*

- *ainsi que les réactions du client.*

Elle voit à la mise à jour du dossier du client.

Cet élément de l'exercice est applicable à tous les secteurs où l'infirmière doit documenter ses activités de soins. En respectant ces points, il est facile d'arriver à rendre compte de la situation clinique globale du client.

Le patron qui suit peut aider à choisir des sujets pertinents et être utile pour structurer les notes[3-4-5-6-7].

1.   Description d'un situation problématique.

On y retrouve les renseignements aidant à cerner un problème chez le client, que ce soit un diagnostic infirmier ou un changement significatif de son état. Cela inclut toutes les données objectives et subjectives relatives à sa condition actuelle et résultant de l'évaluation initiale qui en est faite. Voici quelques exemples de situations à décrire :

- Une complication soudaine ;
- Une détérioration majeure ;
- Une manifestation nouvelle ;
- Un comportement inhabituel ou anormal ;
- Un changement d'attitude ;
- etc.

85

2.   **Description des activités de soins.**

Elle porte sur les interventions posées par l'infirmière dans une situation problématique. Ces activités s'inscrivent dans le processus thérapeutique. Elles reflètent la mise en application du plan de soins ou montrent l'actualisation de la prescription médicale. On y retrouve donc des actions autonomes et dépendantes. Dans un contexte d'interdisciplinarité, elles concourent à l'atteinte d'un objectif commun.

3.   **Description de la réponse du client.**

C'est ce qui souligne les résultats observés suite aux activités de soins, autrement dit les indices renseignant sur l'effet des actions appliquées. Cela met en évidence la progression d'une situation[8]. Malheureusement, cet aspect est trop souvent absent des inscriptions au dossier. En définitive, ça dénote l'évaluation continue que l'infirmière assure et le suivi de l'évolution de la condition du client. Une foule de renseignements peuvent se retrouver dans cette catégorie. Voici quelques exemples de sujets et de formulations :

Effets de la médication PRN

« Dit être partiellement soulagé 45 min après l'injection de Morphine. »

« Vomissements persistent une heure après avoir reçu antiémétique. »

Réactions à l'enseignement

(pour une cliente récemment opérée et qui recevra la visite d'une infirmière du CLSC) :

« Capable de décrire les signes d'infection de plaie opératoire. »

(pour un client nouvellement diagnostiqué diabétique) :

« Malgré explications répétées, incapable de reconnaître les signes d'hypoglycémie. »

Résultat d'une intervention infirmière autonome

« Ne peut tolérer une position < à 60°, présente orthopnée. »

Tolérance à une activité

« Peut marcher sur une distance de 10 m sans être dyspnéique. »

Impact de l'application d'une ordonnance médicale

« *Extrémités supérieures moins cyanosées 15 min après l'administration d'O₂ par lunettes nasales à 28 %.* »

4.2 Quelques sources d'inspiration pour trouver *QUOI* écrire

Plusieurs moyens aident à sélectionner des informations pertinentes à consigner dans les notes d'observation. Voyons les principales sources à la disposition de l'infirmière.

1. Le rapport de relève

C'est une activité privilégiée pour transmettre rapidement un grand nombre de renseignements sur les clients. C'est un excellent moyen d'assurer une continuité de soins puisque les faits importants sont communiqués. L'infirmière du service précédent vous a-t-elle informée d'un problème particulier pour un client donné ? Donnez-y suite.

ANALYSE D'UNE SITUATION CLINIQUE

À la fin de son quart de travail de jour, une infirmière avise sa collègue de soir que Monsieur Leblanc a eu des vomissements alimentaires à deux reprises. Il a déjeuné, mais il n'a pas voulu dîner par peur de vomir à nouveau. En plus, il s'est plaint de douleur à l'hypocondre droit en après-midi. Malgré l'analgésique donné, le client n'a pas été soulagé.

En regardant dans le plan de soins généraux, l'infirmière apprend que Monsieur Leblanc peut manger seul et circuler à volonté. Elle doit faire un dosage des liquides ingérés et excrétés.

Quelles informations l'infirmière du service de soirée aurait-elle à consigner dans le dossier du client ?

On devrait retrouver une note :

- Sur l'alimentation (Mange-t-il ? Si oui, qu'a-t-il mangé ? A-t-il toléré son repas ?) ;

- La présence ou non de vomissements et de douleur à l'hypocondre (cela montre l'évolution de la situation et la continuité de surveillance des problèmes) ;

- Le degré de soulagement de la douleur (cela renseigne sur l'efficacité du traitement médicamenteux).

Il y aurait sans doute d'autres éléments qui vaudraient la peine d'être détaillés, mais le rapport de relève attire immédiatement l'attention sur ce qu'on devrait évaluer particulièrement.

2. Le plan de soins infirmiers ou le plan d'intervention multidisciplinaire

Ces instruments constituent un ensemble des activités orientées vers les besoins de santé du client. Évidemment, ils peuvent servir à trouver des sujets appropriés à inclure dans les notes. À leur tour, celles-ci contribueront à réviser l'approche de l'équipe de soins.

ANALYSE D'UNE SITUATION CLINIQUE

Madame Létourneau est en hébergement dans un centre de soins de longue durée. Elle présente de la difficulté à s'alimenter et à boire seule à cause d'une raideur marquée aux doigts et d'un problème de déglutition. Elle s'étouffe souvent en mangeant. Au plan de soins, on peut lire que le résultat escompté est qu'elle soit capable de s'alimenter seule, sans s'étouffer. Pour y arriver, les interventions prévues sont les suivantes :

- Placer les ustensiles adaptés à sa portée et lui demander de les utiliser ;
- Lui rappeler de manger lentement et de boire par petites gorgées.

En se basant sur le plan de soins de Madame Létourneau, quels points feront l'objet de notes au dossier ?

L'infirmière aura à noter si la cliente utilise les ustensiles, le temps qu'elle prend pour manger, si elle mange seule ou avec aide, si elle s'étouffe lors du repas.

Voici une suggestion de formulation acceptable :

« Utilise ses ustensiles mais est incapable de maintenir sa main fermée. Renverse son verre. Quand on la fait manger, elle ne s'étouffe pas. Mange en 25 minutes. »

3. Les notes déjà inscrites

Lors du rapport de relève, il est possible que des informations jugées moins importantes aient été omises. En lisant les notes du service précédent, on peut s'apercevoir qu'une donnée est utile pour mieux évaluer l'évolution d'une situation.

ANALYSE D'UNE SITUATION CLINIQUE

Madame Larose a subi une hystérectomie par voie abdominale. Elle est revenue de la salle d'opération vers midi. Les premières heures postopératoires se déroulent sans complication. En soirée, la cliente est complètement réveillée et se plaint de légère douleur au site de l'incision. Pendant la nuit, elle accepte de se lever pour uriner sur la chaise d'aisance. On le mentionne au rapport de relève.

En consultant les notes du service de nuit, l'infirmière lit, entre autres, que la cliente a éprouvé des étourdissements lors du premier lever et qu'elle avait le faciès pâle.

L'infirmière en service de jour aurait-elle à noter la condition de Madame Larose lors du lever ?

Oui. Que la cliente se sente étourdie ou non, que son faciès soit bien coloré ou non lors d'un lever subséquent, il est bon de le signifier. C'est une excellente façon de montrer la continuité de surveillance.

---

4. Les soins spécifiques à l'état de santé du client

Des activités de soins sont prévues dans le but de satisfaire les besoins de santé du client. Parmi ces activités, certaines inspirent davantage à faire des annotations spécifiques.

ANALYSE D'UNE SITUATION CLINIQUE

Monsieur Labbé est en phase terminale d'un cancer du foie. Il est parmi les siens, dans sa maison. Des soins palliatifs de confort sont déployés pour lui procurer une fin de vie douce et paisible. Une infirmière vient le voir à chaque jour. Elle s'informe de sa condition psychologique et vérifie l'état de sa peau puisqu'il reste au lit. Elle prépare les injections de Morphine que l'épouse du client a accepté de lui administrer régulièrement. Il prend également un émollient fécal pour prévenir la constipation.

Quelles informations, en relation avec le traitement spécifique, l'infirmière rapportera-t-elle dans le dossier de Monsieur Labbé ?

Il sera pertinent de noter les effets de la Morphine et les caractéristiques de la respiration. L'évaluation de l'élimination intestinale fera également l'objet d'une note détaillée. Évidemment, des données sur la condition psychologique du client et l'état de sa peau mériteraient d'être mentionnées.

5. **Les signes cliniques anormaux**

Toute déviation dans l'état de santé du client doit être documentée[9]. Il faut noter toutes les manifestations cliniques anormales ; elles sont susceptibles d'aider le médecin à confirmer son diagnostic médical et à choisir un traitement[10]. Faites appel à vos connaissances théoriques et posez-vous la question suivante : *Est-ce normal...*

- *... qu'il y ait du sang dans l'urine ?*
- *... que les selles soient noires ?*
- *... que les expectorations soient de couleur rouille ?*
- *... que les extrémités soient cyanosées ?*
- *... que la fréquence respiratoire soit à 38 par minute ?*
- *... que le client présente de la somnolence ?*
- *... qu'une cliente ait une démarche chancelante ?*
- *... qu'il y ait un écoulement purulent dans une plaie ?*

- ... *qu'on entende du wheezing ?*
- ... *qu'un client se plaigne de brûlure quand il urine ?*
- ... *que les pieds soient œdémateux ?*
- ... *que la personne ne ressente aucune sensation douloureuse à un membre ?*
- ... *qu'une cliente se plaigne de douleur suspubienne ?*
- ... *etc.*

Autant de questions qui mettraient l'infirmière en alerte. Quand elle fait de telles constatations, elle a raison de les rapporter dans ses notes. Par contre, il est également approprié de mentionner le retour à des manifestations normales. On ne doit pas négliger de signifier la disparition des signes cliniques anormaux. Encore une fois, c'est un indice de l'évolution d'un problème et d'une continuité de surveillance infirmière.

6. Le diagnostic médical

L'évaluation de l'état d'une personne est un élément de l'exercice de la profession[11]. La connaissance des diagnostics médicaux oriente cette évaluation. Faisant partie de la formation initiale de l'infirmière, leur étude permet de mieux comprendre les situations que vivent les clients.

ANALYSE D'UNE SITUATION CLINIQUE

Madame Laurissaint est sur l'unité d'obstétrique parce le médecin soupçonne une menace d'avortement. Elle est enceinte de trois mois.

Monsieur Lirette a été conduit à l'urgence. Il fait un infarctus du myocarde.

À partir des diagnostics médicaux respectifs, quelles manifestations l'infirmière devra-t-elle s'attendre à observer ?

Pour Madame Laurissaint, on s'enquerra des douleurs pelviennes et lombaires, et des saignements vaginaux. On mesurera le plus objectivement possible leur importance. Les signes vitaux seront contrôlés et on sera attentif à l'apparition des signes de choc.

Pour Monsieur Lirette, on évaluera la douleur rétrosternale et les endroits d'irradiation, l'effet des analgésiques administrés et les signes d'anxiété. Le tracé d'ECG sera étudié pour y déceler les arythmies et les interpréter.

Il y aurait d'autres points à observer mais au départ, l'infirmière est mise sur une piste d'éléments spécifiques d'évaluation, lesquels feront l'objet de notes pertinentes. Ses connaissances scientifiques dirigent son attention et l'aident à rechercher rapidement de l'information utile.

7. Ses impressions personnelles

Elles peuvent également guider l'infirmière dans sa quête d'observations pertinentes. Il ne s'agit pas ici de noter ce qu'on pense d'une situation, mais de se servir de ses impressions pour évaluer des points précis. Par exemple, on peut soupçonner qu'un client éprouve de l'anxiété face à son retour à domicile prochain, mais il est incapable de l'exprimer. En étant mise en alerte par l'impression qu'elle a, l'infirmière peut détecter des signes qui confirment ou infirment sa supposition. Sa démarche de vérification l'aura aidée à obtenir des renseignements intéressants.

Ces moyens simples permettent de recueillir de précieuses informations. L'infirmière doit les sélectionner et les analyser pour ne retenir que celles qui illustrent clairement la situation globale du client par rapport à l'expérience qu'il vit. C'est la préoccupation qu'elle devrait entretenir pour rédiger des notes qui soient descriptives.

4.3 Ce qu'il ne faut pas écrire

Nous avons vu l'importance de ne pas écrire n'importe quoi. S'il est inconcevable de lire des jugements de valeur dans les observations de l'infirmière, d'autres sujets ne devraient jamais s'y retrouver.

Il faut s'abstenir d'étiqueter le client[12-13-14] ou d'utiliser des mots ou expressions favorisant une perception négative. Des remarques comme « *accapareur, paresseuse, très négatif* » laissent une mauvaise impression de la personne. Même le mot « *confus* » peut supposer qu'on banalise son état psychologique. Il est préférable d'employer alors des formulations telles que « *propos confus* » ou « *propos incohérents* ».

La *Loi sur les infirmières et infirmiers* ne nous autorise pas à poser des diagnostics médicaux. Nous ne les étudions pas dans ce but. On ne doit donc pas en retrouver dans les notes au dossier. Au lieu d'écrire que le client *« semble avoir une infection aux yeux »* ou qu'il *« présente un état grippal »*, limitons nous à décrire les symptômes observés. Cependant, la réaction de la personne à l'annonce de son diagnostic peut s'avérer d'un intérêt significatif et justifier d'être documentée.

Toute remarque défensive ou accusatrice est inacceptable. Le dossier n'est pas un lieu de débat, ni un endroit où on règle des comptes[15-16-17]. Les conflits entre pairs et les problèmes interpersonnels n'ont pas leur place dans une note professionnelle. On ne doit tolérer sous aucune considération des remarques comme celles-ci : *« Manque de connaissance du personnel face aux habitudes de position du patient. »*, *« Les orteils du pied droit sont bleus et froids. Le personnel de nuit n'a apparemment pas surveillé la circulation du pied. »*, *« Transfusion prescrite non mise, reste au frigo. Semble-t-il demande trop de surveillance, laissée pour le service de soir. »*.

Dans ce qu'on écrit, il est mal vu d'expliquer une situation par un surcroît de travail ou un manque de personnel[18]. Cela n'aide pas à trouver des solutions. Mieux vaut ne rien écrire et faire les démarches auprès des instances administratives concernées. On ne devrait jamais lire ceci : « *Pans. au pied Ø fait, surcroît de travail.* » ou *« Soluté infiltré, enlevé, non réinstallé par manque de temps. »*.

Rien n'oblige l'infirmière à résumer les prescriptions médicales dans ses observations. Une feuille spéciale est à la disposition du médecin pour qu'il y inscrive ses ordonnances. Il est donc inutile de mentionner les changements de médication ou autres comme dans les notes suivantes : *« Changement de] du Dr Louis : Lanoxin 0,0625 mg q. 3 jours au lieu de die. »*, *« Dr Laurent prescrit antifongique au pubis et aux aines. »*, *« Dre Lancier demande prise de sang stat soit FSC et Coagulogramme. Nouvelle] pour la plaie au dos. »*.

Ce sont les faits qui méritent d'être détaillés et non les suppositions. Ces dernières incitent l'infirmière à évaluer plus à fond une situation. Ce qui peut être vraisemblable requiert une vérification directe. Elle écrira donc ce qu'elle a constaté et non ses présomptions. Il est inadmissible de lire : *« Soluté arraché par sa fille, je crois. »*, *« Apparemment, le patient a rampé du lit à la toilette. »*, *« A fait une chute probablement parce qu'elle a voulu se lever seule. »*.

La rédaction des notes d'observation au dossier représente une grande responsabilité professionnelle. La meilleure attitude à adopter pour s'acquitter de cette tâche, le plus facilement possible, est de se limiter aux données objectives et subjectives. Les faits parlent d'eux-mêmes.

4.4 Description d'une manifestation

Il ne suffit pas toujours de rapporter une manifestation telle quelle. Dans certains cas, il importe d'être plus descriptif afin de mieux rendre compte de la situation clinique globale du client. Attardons-nous à quelques manifestations spécifiques.

Douleur

L'évaluation de la douleur que ressent le client constitue la première étape cruciale pour la traiter efficacement. Malheureusement, elle est trop peu documentée. Une description complète est importante si on veut procurer un soulagement adéquat. La description au dossier devrait inclure[19] :

- Le type de douleur : *lancinante, pulsative, sous forme de brûlure, d'écrasement, de serrement, de crampe, de poing* ;

- La localisation exacte ;

- Les facteurs précipitants ou aggravants, s'il y a lieu ;

- La durée, c.-à-d. depuis combien de temps le client la ressent ;

- Les endroits d'irradiation, s'il y a lieu ;

- L'intensité ;

- Les symptômes concomitants, s'il y a lieu : *diaphorèse, pâleur des téguments, modifications des signes vitaux, etc.* ;

- Les mesures analgésiques appliquées ;

- La réponse du client à ces mesures, c.-à-d. les effets produits.

Il ne faut pas oublier que la douleur est une sensation **subjective**. L'évaluation de l'intensité est également une mesure subjective. On peut utiliser des termes comme *faible, modérée, sévère, intense, intolérable* ou se servir d'une échelle colorimétrique ou d'expression faciale ou graduée de 0 à 10.

Voici quelques exemples illustrant une description acceptable :

a) « 05:30   *Accuse légère céphalée frontale et rétro-orbitaire accentuée*
                par la toux et l'empêchant de dormir.

                Toucher thérapeutique à la tête pendant 5 min.

    06:30   *Dit être partiellement soulagé, mais incapable de dormir.* »

b) « 14:00   *Se plaint de douleur lancinante modérée à la jambe gche ↑ à*
                la mobilisation.

    14:10   *Reçoit analgésique per os.*

    15:15   *Se plaint encore de douleur à sa jambe, mais peut circuler c̄*
                sa marchette. »

c) « 18:30   *Accuse douleur à 5/10 partie externe du sein gche ↑ à la*
                mobilisation du bras et lors des mouvements d'abduction. Pas
                de masse palpable. Refuse analgésique.

    19:00   *Dit que sa douleur est ↑ à 7/10.*

    19:10   *Analgésique p.o. donné.*

    20:30   *Dit que sa douleur est ↓ à 4/10 et qu'elle hésite à bouger son*
                bras normalement. »

d) « 01:15   *Se plaint de douleur intense sous forme de piqûre, à la hanche*
                dr. irradiant à la cuisse. Visage crispé, R 32 haletante,
                diaphorèse.

    01:25   *Démérol I.M. deltoïde dr. Installé en décubitus lat. gche.*

    02:15   *Dit être presque totalement soulagé.*

    03:00   *Semble dormir.* »

Quand on ne sait comment traduire la douleur en des termes plus scientifiques,
on la rapporte telle que décrite par le client. Par exemple :

> *« Décrit ses douleurs généralisées comme une sensation de*
> *bouillonnement. »*

> *« Dit qu'elle ressent une douleur abdominale comme si on essayait de*
> *lui arracher les intestins. »*

95

Un rappel ! On ne peut utiliser le mot *souffrant* pour décrire la douleur ; c'est imprécis. Les +++ ne sont pas descriptifs de l'intensité.

Quel exemple, parmi ceux décrits ci-dessous, répond le mieux aux critères de description de la douleur ?

a) « *10:15*   *Se plaint de douleur abdominale modérée.*

    10:30   *Empracet 30 mg 1 co. p.o.*

    11:00   *Soulagé par la suite. »*

Passez à la page 98.

b) « *19:40*   *Accuse douleur lombaire à 6/10 irradiant aux 2 jambes.*

          Décrit sa douleur comme s'il avait une barre dans le dos.

    19:50   *Reçoit analgésique.*

    20:45   *Se dit partiellement soulagé à 4/10. Marche cambré. »*

Passez à la page 99.

Il est important de localiser précisément une douleur. L'abdomen se divise en neuf régions : hypocondres droit et gauche, région épigastrique, flancs droit et gauche, région ombilicale, fosses iliaques droite et gauche, région hypogastrique ou suspubienne. Sur le plan clinique, la signification de la douleur diffère selon la localisation. Pour le médecin, cette donnée précise a une grande valeur diagnostique.

Il faudrait reformuler la note pour la rendre plus claire :

> « 10:15   Se plaint de douleur épigastrique modérée. »

ou

> « 10:15   Se plaint de douleur modérée à l'hypocondre droit. »

ou

> « 10:15   Se plaint de douleur modérée sous forme de poing au flanc gauche. »

ou

> « 10:15   Se plaint de douleur dans tout l'abdomen. »

Les autres parties de l'exemple sont acceptables. On y retrouve une action posée pour soulager la douleur ainsi que son effet.

Revenez à la page 97 et considérez l'autre choix.

Cet exemple répond bien aux critères de description de la douleur. On en connaît le type *(décrit sa douleur comme s'il avait une barre dans le dos)*, la localisation *(région lombaire)*, l'intensité *(6/10)*, une autre caractéristique descriptive *(irradiant aux 2 jambes)*.

Habituellement, la médication administrée est enregistrée sur une feuille de *Profil pharmacologique*. En la consultant, il est facile d'obtenir l'information détaillée sur un analgésique puisqu'on y retrouve tous les renseignements en relation avec les médicaments que le client reçoit. C'est pourquoi il est acceptable d'employer une expression courte comme celle de l'exemple. Cela montre la mesure de soulagement qui a été appliquée.

La note est complétée par le résultat de l'intervention *(dit être partiellement soulagé à 4/10, marche cambré)*.

Continuez à la page 100.

99

Modifications des signes vitaux

Lorsque des signes vitaux sont pris fréquemment (q. 5, 15 ou 30 min, q. h.), on les inscrit sur une feuille spéciale où on ne retrouve que ce type de renseignements (*cf.* Annexe I, *Paramètres supplémentaires*). Il est alors courant de lire *Voir feuille spéciale.* Un tel renvoi n'est pas nécessaire puisqu'il faudra s'y référer de toute façon. Cependant, l'infirmière peut résumer l'ensemble des données en une seule observation. Par exemple, pour un client dont les signes vitaux sont vérifiés à chaque heure pendant une période de huit heures, on résumerait ainsi :

« *Pouls varie entre 70 et 100/min, irrégulier. P.A. se maintient entre 124/84 et 140/90.* »

Par contre, si les valeurs sont sensiblement les mêmes, qu'elles varient très peu ou pas du tout, on peut le noter de la façon suivante :

« *S.V. pris q. h. stables.* »

Tout changement inhabituel sera noté. Parce qu'on devra y accorder une attention particulière, on le détaillera en y incluant les manifestations concomitantes s'il y a lieu, les mesures entreprises, de même que leurs effets.

Par exemple :

a) « *21:30   T° 39,3°C. Diaphorèse. Boit 250 ml d'eau.*

21:40   *Acétaminophène 650 mg p.o.*

22:50   *T° 38 °C, Diaphorèse ↓.* »

b) « *03:45   Polypnée superficielle à 32/min.*

O$_2$ par lunettes nasales à 28 %. Installée en position Fowler haute. Essoufflée quand elle parle.

04:10   *Resp. plus profonde à 26/min.* »

c) « *10:00   P.A. 190/100. Se plaint d'étourdissement et de légère céphalée temporale bilatérale.*

10:10   *Adalat P.A. 10 mg S.L.*

11:00   *P.A. 160/90.* »

Toux et état respiratoire

Un épisode de **toux**, suite à une séance d'exercices respiratoires, d'un traitement d'inhalothérapie ou survenant spontanément, se décrit selon les points suivants :

- Le type de toux : sèche, grasse, productive ou non, rauque, quinteuse ;

- La description des expectorations si la toux est productive : *consistance, couleur, odeur, aspect ;*

- Les signes qui l'accompagnent, s'il y a lieu : douleur, diaphorèse, utilisation des muscles accessoires ;

- Les facteurs précipitants, s'il y a lieu : *position couchée, exercices,* etc. ;

- Le moment d'apparition, si cela est jugé pertinent : tôt le matin, après le lever, après les repas, à tout moment.

Un exemple de note contenant tous ces points pourrait être rédigé de la façon suivante :

« *07:00   Au réveil, toux grasse non productive.*

07:15   Dit qu'il tousse plus en position couchée et qu'il manque d'air. Levé au fauteuil. Boit 300 ml d'eau. Toux productive : expectore des sécrétions muqueuses verdâtres. Se plaint d'irritation de la gorge. »

Dans la description de l'**état respiratoire**, on tient compte :

- Du type de respiration : haletante, stertoreuse, wheezing, orthopnée, Cheyne-Stokes, Kussmaul, tirage ;

- De l'amplitude respiratoire : superficielle, profonde ou hyperpnée ;

- De la fréquence respiratoire : bradypnée, tachypnée ou polypnée ;

- Des autres signes : battement des ailes du nez, cyanose, voix enrouée, écoulement nasal, douleur thoracique, etc. ;

- Des bruits normaux ou adventices entendus à l'auscultation : murmure vésiculaire, bruit bronchovésiculaire, râles fins ou crépitants, ronchus, sibilances, frottement pleural, etc.

Lorsqu'on observe une période d'**apnée**, il faut en préciser la durée. Si le client dit qu'il a de la difficulté à respirer, l'infirmière doit qualifier la **dyspnée** en fonction du caractère de la respiration et du nombre. Encore là, la note d'observation sera complétée par ce qui a été fait pour tenter de soulager la difficulté respiratoire et le résultat qui s'ensuit.

ANALYSE D'UNE SITUATION CLINIQUE

Monsieur Li est d'origine chinoise. Lui et son épouse ne parlent que le mandarin. Une de leurs filles habitent avec eux. Elle s'exprime clairement en français mais elle est absente au moment où l'infirmière visite le client à domicile pour lui administrer des antibiotiques I.V. Il fait une pneumonie. Sa respiration est embarrassée. Il a une toux grasse et ses expectorations sont de couleur rouille avec des filaments de sang. Il respire à 30 par minute ; l'amplitude est superficielle. À l'auscultation, l'infirmière entend des râles fins au lobe inférieur droit. Au dossier, elle écrit la note suivante :

« Resp. embarrassée, tachypnée, toux grasse productive. Présence de râles à l'auscultation. »

Madame Lancia est dans un centre hospitalier de soins de longue durée. D'origine italienne, elle parle très peu le français. Elle est en phase terminale d'un cancer pulmonaire. Au début de son service, l'infirmière apprend que la cliente est très somnolente. En entrant dans la chambre, elle constate que Madame Lancia a une respiration superficielle qui augmente d'amplitude pour redevenir superficielle. Après cette séquence, la cliente cesse de respirer pour ensuite reprendre le même patron de respiration. Ses ongles des mains et des pieds sont cyanosés mais le faciès est grisâtre. La cliente respire par la bouche et est embarrassée. L'infirmière note alors dans le dossier :

« Resp. Cheyne-Stokes c̄ apnée de 15 s. R 10/min. Ongles des pieds et des mains cyanosés. Respire par la bouche, resp. embarrassée. Teint terreux. »

Puisque l'infirmière ne peut recueillir d'informations subjectives, laquelle des deux notes décrit le mieux l'état respiratoire ?

La note concernant Madame Lancia. En utilisant une terminologie claire, il est plus facile de visualiser la condition respiratoire de la cliente. Les données objectives sont précises et décrivent le problème de façon complète.

La note écrite pour Monsieur Li contient des éléments objectifs très pertinents, mais il y manque des précisions importantes. Le mot *tachypnée* réfère à une accélération de la fréquence respiratoire, mais ne la précise pas : *tachypnée superficielle à 30/ min*. Comme le client expectore, les sécrétions doivent être décrites : *expectorations rouille c̄ filaments sanguins*. La localisation des bruits entendus à l'auscultation doit être ajoutée : *râles fins au lobe pulmonaire inférieur droit*.

Plus la note est descriptive, plus il est facile d'avoir une idée juste de l'état de santé du client.

Vomissements

On décrit les vomissements en spécifiant :

- L'heure ;
- S'ils sont précédés ou non de nausées ;
- La quantité exacte ou approximative ;
- Leur caractère quand c'est approprié : *en jet ;*
- Leur aspect ou leur composition : *alimentaires, bilieux, fécaloïdes, visqueux.*

Toujours en respectant le même patron, les interventions posées et les résultats observés feront suite à la description.

Quel exemple correspond le mieux à ces critères ?

a)   *« 08:00   Nauséeux à mon arrivée.*
    08:30   Vomit ++ après avoir déjeuné.
    10:00   Boit du thé, le tolère. »

Passez à la page 104.

b)   *« 12:00   Mange la moitié de son repas.*
    13:00   Vomissement alimentaire en jet ≈ 150 ml. »

Passez à la page 105.

L'exemple *a)* contient des lacunes. Étudions-les de plus près.

08:00 Nauséeux à mon arrivée. Est-ce que cela signifie que l'arrivée de l'infirmière provoque la nausée chez le client ? La formulation est plutôt cocasse, n'est-ce pas ? Il vaudrait mieux ne pas l'employer. L'heure suffit. En écrivant seulement *08:00 Nauséeux*, la note est plus courte. L'infirmière était-elle dans la chambre à 8 heures exactement ? N'était-elle pas en train de recevoir le rapport du service précédent, d'organiser sa journée ou de préparer des médicaments ?

08:30 Vomit ++ après avoir déjeuné. Même approximative, une quantité ne doit pas être exprimée en utilisant les ++. Si on ne s'est pas servi d'un contenant gradué, on peut utiliser le mot *environ* ou les symboles ± ou ≈ . Évidemment, on serait porté à croire que le client a vomi son déjeuner ; ce serait donc un vomissement alimentaire. Pourquoi ne pas le spécifier alors ? La correction de cette partie de note pourrait ressembler à ceci :

08:30 Vomissement alimentaire ≈ 100 ml.

10:00 Boit du thé, le tolère : cela indique l'évolution de la situation. Cet élément est donc pertinent.

Revenez à la page 103 et considérez l'autre exemple proposé.

104

L'exemple *b)* décrit le type de vomissement *(en jet)* , dont la caractéristique est de ne pas être précédé de nausées. Il arrive soudainement et se produit avec force.

Il est préférable de mesurer exactement la quantité à l'aide d'un contenant gradué en millilitres. Si on ne le fait pas, on peut donner une approximation *à l'œil*. Bien sûr, ce n'est pas précis. S'il est impossible de la calculer parce que le client a vomi dans la toilette ou sur ses vêtements, on le mentionne :

« Vomissement alimentaire en jet sur ses vêtements. Quantité non évaluable. »

ou

« Vomissement bilieux jaunâtre dans la toilette. »

Passez à la page 106.

En résumé, on retiendra que toute manifestation doit être décrite en utilisant le vocabulaire scientifique ou les propos du client. Elle doit être notée le plus précisément et le plus clairement possible. Voici plusieurs autres exemples :

« Œdème à godet aux deux pieds. Circonférence des chevilles : 19 cm à droite, 20 cm à gauche. »

« Pied gauche cyanosé et froid. »

« Phlyctène au mollet droit de 8 cm de diamètre, contenant du liquide rosé. Jambe droite violacée, orteils noirs. »

« Urine de couleur acajou, nauséabonde. »

« Se plaint de brûlure à la miction. »

« Dit ressentir des fourmillements dans les jambes. »

« Urine trouble ▯ filaments sanguins et sédiments brunâtres. »

« Ecchymose bleuâtre de 5 cm × 3 cm au coude droit. »

« Flatulence, incapable d'évacuer les gaz. »

« Se plaint de douleur épigastrique. »

« Dysarthrique. »

« Xérostomie. »

etc.

Pour les points non mesurables, il est permis de se servir des adverbes et des symboles comparatifs à condition que le point de comparaison apparaisse dans la note. Par exemple :

« Œdème palpébral > à droite qu'à gauche. »

« 16:20   Sonde vésicale draine de l'urine rosée.

18:50   Urine moins rosée. »

« 04:05   Cyanose des extrémités.

05:00   Cyanose plus prononcée. »

4.5 Attitudes et comportements

Dans les Perspectives de l'exercice de la profession d'infirmière [20], on présente les principes qui sous-tendent les énoncés descriptifs des différents aspects de la pratique infirmière : partenariat infirmière-client, promotion de la santé, prévention de la maladie, processus thérapeutique, réadaptation fonctionnelle, qualité de vie et engagement professionnel. On peut y lire, entre autres, *que tout client est responsable de sa santé, qu'il aspire à la santé et au bien-être, qu'il fait face à des situations à risque liées aux transitions de la vie et à l'environnement, que lorsqu'il apprend le diagnostic associé à son problème de santé, il a besoin d'être soigné, renseigné, rassuré et réconforté, que lorsqu'il fait face à certaines limites consécutives à une maladie ou à un accident, il peut accroître son répertoire personnel d'autosoins et améliorer son bien-être en fonction de ses capacités, qu'il vise une qualité de vie optimale et qu'il a droit au respect de ses valeurs* [21]. Une expérience donnée peut modifier les attitudes et comportements d'une personne en bonne santé, a fortiori pour l'individu malade. La maladie, l'hospitalisation, l'environnement, l'annonce d'un diagnostic grave, la perte d'une fonction, des changements dans les habitudes de vie sont autant de situations susceptibles d'entraîner des modifications du comportement habituel. Il est important de les rapporter dans les notes d'observation quand leur impact est majeur. Si c'est le cas, l'infirmière aura donc à intervenir de manière plus spécifique pour aider le client à mieux passer à travers ces étapes de vie.

Les changements de comportement sont très souvent observés par les infirmières, mais rarement notés dans le dossier. Pourtant ce sont des faits descriptifs de la condition psychologique du client, au même titre que la dyspnée l'est pour l'état respiratoire. N'oublions pas que la personne est un tout indivisible, unique et en devenir [22]. De surcroît, ces informations peuvent traduire des problèmes infirmiers et mettre l'infirmière sur des pistes d'interventions particulières, tout en fournissant des renseignements utiles pour mieux connaître et comprendre le client dans ce qu'il vit. Ici également, il faut se poser la question de la pertinence du comportement à décrire et faire appel à sa capacité de juger cliniquement de la valeur de ces observations.

Une **attitude** est une disposition à l'égard de quelqu'un ou de quelque chose [23] : attitude hostile, indifférente, méfiante, agressive ou amicale. Elle réfère à un sentiment et se traduit par le comportement. Elle a forcément une connotation subjective.

Le **comportement** est un ensemble de réactions observables objectivement[24] :
poser sans cesse les mêmes questions ou ne pas en poser du tout, rester à l'écart
des autres personnes, critiquer constamment les soins reçus, faire le va-et-vient
dans le corridor, pleurer, répéter les mêmes propos, crier, rire de façon
exacerbée, lancer des objets, etc.

Les proches ont souvent un rôle déterminant sur le bien-être de la personne. Ils
participent à son expérience. Il ne faut toutefois pas tomber dans le piège de
décrire leurs réactions aux dépens de celles du client. Dans une perspective
d'approche globale, on peut arriver à montrer qu'ils font partie intégrante d'une
situation de soins. Encore une fois, c'est le contexte qui le justifiera. Ces
formulations illustrent ces explications :

*« Refuse d'être opérée même si son mari tente de la convaincre. Se fâche devant
son insistance. Dit qu'elle a trop peur de l'anesthésie et que personne ne
décidera pour elle. »*

*« Exprime son malaise devant l'agressivité de son fils qui menace de faire une
plainte. Devient tendu quand son fils nous critique ouvertement. Dit qu'il craint
que le personnel le néglige à cause de cela. »*

Évidemment, dans un contexte réel, nous aurions plus de détails. Il faut retenir
que les sentiments du client doivent occuper la première place quand on choisit
de les mentionner au dossier. Dans ces deux derniers exemples, les réactions de
l'entourage sont sous-jacentes, mais l'accent est mis sur l'impact qu'elles ont sur
le comportement de la première personne concernée. On a quand même une idée
plus générale de la situation globale et les éléments retrouvés nous aident à
mieux la comprendre.

Quel exemple décrit le mieux une attitude ou un comportement d'un client ?

a) « 11:45 *S'impatiente dès qu'il échappe ce qu'il prend avec sa main paralysée. Se fâche et ne veut pas qu'on ramasse à sa place ce qu'il vient d'échapper.* »

Passez à la page 110.

b) « 19:30 *Collabore très bien à tous les soins. Pas de plainte formulée. Converse facilement avec ses visiteurs. Humeur agréable.* »

Passez à la page 111.

c) « 20:30 *Pte* semble *déprimée, très négative. Regarde la télévision dans sa chambre durant la soirée avec son écouteur pour ne pas faire de bruit.* »

Passez à la page 112.

d) « 14:00 *Se sent devenir folle. Anxieuse. Manque de lucidité.* »

Passez à la page 113.

109

L'exemple *a)* décrit les réactions psychologiques d'un client qui présente une paralysie d'une main. On y souligne une attitude d'impatience qu'on appuie d'observations du comportement. On pourrait éventuellement déduire, à la lecture d'une telle description, que le client n'accepte pas d'être limité dans son autonomie à cause du changement de sa condition physique.

Que pensez-vous maintenant de la description de ces comportements et de ces attitudes ?

« Méfiant quand il prend ses médicaments : compte le nombre de comprimés à plusieurs reprises avant d'accepter de les prendre, demande à chaque fois à quoi ils servent et vérifie, avec insistance, si on ne s'est pas trompé de personne. »

« Se dévalorise quand elle parle d'elle-même : explique qu'elle n'est bonne à rien, que tout le monde est meilleure qu'elle. Dit que le personnel ne veut pas lui parler et qu'on la néglige. Ajoute qu'elle se sent rejetée et qu'elle n'a rien fait pour cela. »

« A tendance à se culpabiliser quand il parle de sa paralysie : s'excuse à propos de tout, dit qu'il cause du trouble à sa famille et que Dieu l'a puni. Frappe sa jambe paralysée avec ses poings. »

Dans ces exemples, vous aurez remarqué les comportements observables qui nous incitent à conclure à de la méfiance, de la dévalorisation et de la culpabilité. Plus les observations sont descriptives et précises, plus elles aident à identifier correctement les problèmes infirmiers que le client présente. Les mots *hostile, agressif ou exigeant* peuvent suggérer une perception négative du client [25].

Continuez à la page 114

Analysons les différentes parties de ce bloc d'observations.

Collabore bien à tous les soins

Si c'est un comportement habituel, ce n'est pas pertinent de le noter. Si le client ne participait pas à ses autosoins avant et que maintenant il s'implique davantage, il vaut mieux décrire ce qu'il est capable ou incapable de faire. On serait renseigné sur ses capacités à accomplir des activités. Que veut dire le mot *bien* ?

Pas de plainte formulée

C'est une expression stéréotypée, vide de sens, qu'on lit souvent quand les infirmières ne savent pas quoi écrire. Si le client se plaignait d'un malaise durant le service précédent, et que ce n'est plus manifeste actuellement, il est préférable de noter qu'il ne se plaint plus de douleur ou qu'il dit être soulagé.

Converse facilement avec ses visiteurs

Il peut être pertinent de noter les réactions du client envers ses visiteurs. Mais la plupart du temps, comme dans ce cas-ci, c'est une observation inutile.

Humeur agréable

Tant mieux pour tout le monde. C'est si agréable d'être avec des gens... agréables. Si la note veut dire que le client est toujours de bonne humeur, à quoi bon le mentionner ? S'il était agressif auparavant, pourquoi ne pas écrire qu'il ne l'est plus, en détaillant les comportements observables qui nous le prouvent ? Cela montrerait un changement.

*Revenez à la page 109
et répondez à nouveau à la question.*

Dans l'exemple *c)* , on retrouve bien des attitudes *(semble déprimée, très négative)*, et un comportement *(regarde la télévision à sa chambre)*. Pourtant, les notes comportent des lacunes. Critiquons-les.

Pte semble déprimée

Il n'est pas nécessaire de commencer par l'abréviation *Pte* puisqu'il est évident qu'on parle d'elle ; c'est son dossier.

On n'utilise pas le terme *déprimée* sauf si c'est le contenu des propos de la bénéficiaire. La dépression est un problème psychologique sérieux qui ne se reconnaît pas dans un seul propos.

Soyez affirmative dans vos notes ; le mot *semble* laisse toujours planer un doute. On ne devrait pas s'en servir, sauf dans l'expression *semble dormir.*

Très négative

Comment une infirmière peut-elle arriver à quantifier le négativisme de quelqu'un ? En décrivant les manifestations observables. Sinon, que veut dire *être négatif ?*

Regarde la télévision dans sa chambre durant la soirée avec son écouteur pour ne pas faire de bruit.

En quoi ce comportement est-il relié à l'attitude identifiée ? Trouvez-vous qu'il est pertinent de le mentionner ?

*Revenez à la page 109
et répondez à nouveau à la question.*

L'exemple *d)* n'est pas descriptif. Ce ne sont même pas des observations comme telles. Posez-vous la question suivante pour le réaliser :

Sur quoi se base-t-on pour dire que la cliente...

... se sent devenir folle ?	Le dit-elle expressément ? Si oui, rapportez ses propos.
... est anxieuse ?	Les manifestations de l'anxiété sont observables objectivement : tremblements, maladresse des mouvements, augmentation de la fréquence cardiaque, de la pression artérielle, de la respiration, perturbation du sommeil et de l'appétit, etc. La personne peut la verbaliser très clairement.
... manque de lucidité ?	Est-elle désorientée dans les trois sphères ? Tient-elle des propos incohérents ? Présente-t-elle des signes de trouble cognitif ?

Que dites-vous de cette formulation ?

« *14:00   Dit : "Laissez-moi pas seule, j'ai peur de devenir folle". Dit être anxieuse. P 112, R 30, diaphorèse au visage, mains moites, tremblements des mains, voix chevrotante, resp. haletante. Orientée dans les trois sphères, propos cohérents.* »

Revenez à la page 109 et faites un autre choix.

113

ANALYSE D'UNE SITUATION CLINIQUE

Laurence a 10 ans. Elle est atteinte de leucémie. À cause des antinéoplasiques qu'elle reçoit, elle a perdu ses cheveux. Elle parle facilement de sa situation, mais elle confie à l'infirmière qu'elle trouve que ses parents la traitent comme un bébé. Elle sait que sa maladie est grave et elle veut profiter des petits plaisirs qu'elle peut avoir.

Laurence a vraiment très peur des piqûres. Malheureusement pour elle, il a fallu réinstaller son soluté. Malgré les mesures prises pour qu'elle ressente moins de douleur, elle crie, s'agite dans son lit, frappe le matelas avec ses pieds et ses mains, pleure et est presque incapable de parler. Elle se calme quand on lui parle doucement, mais elle est extrêmement tendue au moment précis où on la pique. Comble de malchance, l'infirmière a réussi à la deuxième tentative.

Lors de leur dernière visite, les parents de Laurence étaient constamment autour d'elle. Avant qu'elle le demande, ils lui offraient un verre de jus, un jouet ou lui proposaient de la conduire à la salle de jeux, de regarder la télévision ou de lui lire une histoire. Ils vérifiaient sans cesse son cathéter intraveineux. Devant autant de prévenance, la fillette s'est fâchée et leur a lancé son jouet en disant : *"Laissez-moi tranquille, je ne suis pas un bébé"*.

L'infirmière écrit la note suivante : « *N'aime pas qu'on la pique. Pleure quand on installe le soluté. Ses parents la traitent comme un bébé.* »

Cette note est-elle acceptable ? Justifiez votre réponse.

Non. Elle ne décrit pas le comportement de Laurence. On n'observe pas que quelqu'un *n'aime pas* quelque chose à moins qu'il l'exprime spécifiquement. Telle que formulée, la note pourrait concerner n'importe quel enfant. La remarque sur les parents est teintée d'un jugement méprisant.

Comment pourrait-elle être mieux formulée ?

Reprenons les faits tels que retrouvés dans la situation :

« Au moment de réinstaller le soluté, crie, s'agite dans son lit, frappe le matelas avec ses pieds et ses mains, pleure, presque incapable de parler. Se calme quand on lui parle doucement. Tendue quand on la pique. »

« Se fâche quand ses parents lui manifeste une attention constante ou quand ils devancent ses demandes. Leur lance un jouet. Dit : "Laissez-moi tranquille, je ne suis pas un bébé".»

L'accent est mis sur la réaction de Laurence par rapport aux réactions de ses parents.

4.6 Anxiété

L'anxiété est définie comme une vague impression de malaise d'origine généralement indéterminée ou inconnue[26]. C'est un sentiment d'appréhension, d'agitation, d'incertitude et de peur qui survient lorsqu'une personne se sent menacée. Elle se vit à divers degrés et se manifeste de différentes façons. C'est un diagnostic infirmier révélateur de l'intégrité émotionnelle. Lorsque l'infirmière l'identifie, elle consigne[27] :

- Le niveau d'anxiété[28] (*légère, modérée, grave, panique*) et les éléments déclenchants ;

- Les comportements indicateurs du niveau d'anxiété ;

- Les sentiments exprimés par le client ;

- Les mesures prises pour l'aider (interventions, enseignement) ;

- Son degré de participation et sa réaction à ce qui est fait.

Chaque niveau d'anxiété se reconnaît par des caractéristiques objectives et subjectives[29]. Les facteurs favorisants sont nombreux, que ce soit au regard des besoins fondamentaux insatisfaits, des crises de situation ou de croissance, des changements de vie. Peu importe le secteur d'activités professionnelles de l'infirmière, elle est susceptible d'en identifier chez les clients à qui elle rend un service d'aide.

115

Les exemples qui suivent ne décrivent pas tous de l'anxiété vue comme diagnostic infirmier. Par contre, ils expliquent un sentiment de malaise assez important pour que l'infirmière s'y attarde et tente d'intervenir pour aider le client.

« Anxiété grave par rapport à son état respiratoire : dit qu'il a très peur d'étouffer, tachypnée à 40/min malgré O$_2$ à 40 %. Tremblements des mains, agrippe les côtés de lit, porte les mains à son cou, se frotte la poitrine. Incapable de respirer profondément, même si on le fait avec lui. Demande de ne pas le laisser seul. Respire plus lentement quand on reste près de lui. »

« Anxiété légère par rapport à ses douleurs gastriques fréquentes : irritable quand on aborde le sujet, dévie la conversation, mouvements répétitifs de pianotage, dit se sentir nerveux, demande qu'on le laisse seul. Dit qu'il ne veut pas d'aide et qu'il est capable de se prendre en mains. Se fâche quand sa conjointe continue la conversation. »

« Inquiet vis-à-vis son retour au travail : demande constamment s'il ressentira des douleurs thoraciques, s'il se fatiguera plus vite que d'habitude, s'il ne devrait pas changer d'emploi. A oublié les informations données. Rappel des activités pouvant déclencher une DRS : capable de les répéter et de dire quoi faire si cela se présente. »

« Dit qu'elle est très préoccupée par l'issue de son cancer intestinal et qu'elle a peur de devenir très souffrante. Pleure lorsqu'elle parle des changements de son état. Accepte de parler ouvertement de ses préoccupations personnelles et de couple. Rassurée par son conjoint. »

« Exprime sa crainte de mourir seul : demande sur un ton impatient qu'on téléphone à sa femme et insiste pour qu'elle soit à son chevet. Refuse de faire sa toilette et de prendre ses médicaments. Ajoute : "Il est trop tard, ça ne donne rien. Je sens que mon heure est arrivée. Je ne veux pas être seul". Moins impatient en présence de son épouse. »

Avez-vous remarqué qu'il y a deux parties dans chaque exemple présenté ? La première identifie le sentiment ou le malaise ressenti, qu'on l'appelle anxiété, inquiétude, peur, préoccupation ou crainte. Dans la deuxième, on détaille les données objectives et subjectives sur lesquelles on s'appuie. On y discerne les actions tentées pour aider le client et l'impact des proches.

Vous avez sans doute constaté que de telles notes sont plus longues. Comme pour la description d'un comportement, il est difficile de décrire ces sujets brièvement. Les mots agressif, anxieux, préoccupé, craintif, inquiet ne parlent pas d'eux mêmes, contrairement à des mots comme hématurie, dyspnée, œdème, hyperthermie.

4.7 Autosoins

Ils sont définis comme la capacité d'une personne (famille, groupe ou collectivité) d'accomplir les activités qui répondent le mieux à ses besoins de santé ainsi qu'à ceux de son entourage[30]. L'évaluation des capacités du client devient donc un aspect important pour déterminer le type d'aide à lui apporter. Les moments des repas et de la toilette quotidienne, les déplacements et l'habillement sont autant de moments privilégiés pour recueillir des renseignements précieux. La description de ce qu'il est **capable** ou **incapable** de faire revêt un intérêt particulier puisque cela renseigne sur son degré d'autonomie.

Hygiène personnelle

Il est de pratique courante de noter que les soins d'hygiène ont été prodigués. Comme il est implicite que l'infirmière voit à ce que le client les reçoive, elle n'est pas obligée d'en faire mention dans ses notes. Omettre de le spécifier ne signifie pas qu'ils sont considérés anodins ou non faits. Plusieurs formulations montrent l'évaluation des capacités du client lorsqu'il s'adonne à cette activité :

a) Pour un client atteint de maladie pulmonaire obstructive chronique :

« 08:45   Doit prendre son O_2 pour arriver à faire sa toilette. Prend 50 min pour se laver au lavabo. Essoufflé par après, dit que ça le fatigue beaucoup. »

b) Pour une cliente souffrant d'angine de poitrine :

« 09:10   Ø de douleur thoracique après avoir pris une douche. Pouls régulier, Ø tachycardie, Ø palpitations. »

c) Pour un client hémiplégique du côté droit suite à un accident vasculaire cérébral :

« 09:30   Peut laver son bras droit et le thorax lors du bain au lit. Incapable de fermer sa main droite. »

d)   Pour une cliente souffrant d'arthrite rhumatoïde sévère :

   *« 09:30   Ne peut tordre une débarbouillette. Peut laver le haut du
   corps, incapable de se pencher pour se laver les pieds. »*

De telles descriptions sont beaucoup plus utiles pour mieux connaître le client, suivre son évolution, identifier des difficultés et orienter le choix d'une approche infirmière.

Alimentation

Pour ce point également, il s'agit de noter des observations pertinentes, éloquentes de la condition du client. Il n'est pas obligatoire d'écrire qu'il *s'alimente bien* ou qu'il *mange tout le contenu de son plateau* si c'est habituel pour lui. Si l'infirmière juge nécessaire de faire une note sur la quantité et la qualité de l'alimentation, elle peut utiliser des formulations comme les suivantes :

a)   Pour un client qui recommence progressivement à manger :

   « Mange 1/3 ou 1/2 ou 1/4 de son repas ou du plat principal. »

   « Ne prend que les liquides. »

   « Mange tout son repas. »

b)   Pour un client qui présente une perte d'appétit :

   « Ne mange pas. »

   « Boit la moitié d'un verre de jus et le quart de la soupe. »

Le degré d'autonomie peut se détailler ainsi :

   « Mange seul. »

   « Incapable d'ouvrir les contenants, de tenir ses ustensiles, de couper ses aliments, de tenir un verre. »

   « Capable de manger seule si on coupe ses aliments. »
   « Ne peut couper ses aliments, mais capable de les amener à la bouche avec les ustensiles adaptés. »

   « Capable de tenir son verre mais le renverse. »

   « Peut manger seule mais prend 45 min pour le faire. »

Dans le cas où le client suit une diète, il n'est pas recommandé de le noter. On ne notera que les indices de non-observance ou les situations inhabituelles.

a) Pour un client ayant des plaies, devant suivre une diète riche en protéines et qui ne la respecte pas :

« *17:00 Ne boit que ses liquides au souper mais mange 2 barres de chocolat.* »

b) Pour une cliente diabétique sujette à des variations de glycémie :

« *08:15   Ne boit que son café.*

11:50   Mange sa soupe et 1/4 de son plat principal. »

Lequel des exemples suivants décrit le plus pertinemment la progression dans la reprise de l'alimentation ?

---

a) « *08:15   Boit 2 gorgées de café, mange 3 bouchées de rôties de pain brun □ confiture.*

11:45   Mange une tranche de pain beurrée, 2 morceaux de patates, pas de légumes, la moitié de sa viande. Ne mange pas de dessert.

17:15   Mange tout le contenu de son cabaret. »

Passez à la page 120.

b) « *08:30   Mange 1/2 des céréales, boit 50 ml de lait.*

12:15   Mange toute sa soupe, 1/2 portion du mets principal. Tolère.

17:30   Mange tout son repas. »

Passez à la page 121.

L'exemple *a)* décrit de façon beaucoup trop détaillée ce que le client mange. Il n'est pas nécessaire de préciser exactement le nombre de gorgées ou de bouchées. Dans certains cas, un bilan alimentaire peut être demandé. Il faut alors être très précis dans la description de l'alimentation puisque ces informations seront d'une grande valeur pour la diététiste. La quantité exacte et le type d'aliments pris seront notés sur une feuille spéciale plutôt que sur la feuille de notes d'observation de l'infirmière.

Si on doit effectuer une mesure des liquides ingérés et excrétés, le calcul sera inscrit sur la feuille même de dosage, sans qu'une mention ne soit faite dans les notes. On évite d'écrire *dosage voir feuille spéciale.* Pourquoi indiquer au lecteur l'endroit où consulter ces informations ? Toute infirmière sait quelle feuille regarder pour avoir de tels détails.

*Revenez à la page 119
et répondez de nouveau à la question.*

En effet, l'exemple *b)* est plus pertinent, car il ne décrit pas exagérément la reprise de l'alimentation. De même, on note la tolérance du client par rapport à ce qu'il mange. C'est un indicateur de sa réaction à cette activité.

Ne trouvez-vous pas que l'expression *mange tout son repas* est mieux choisie que *mange tout le contenu de son plateau ?*

N'oubliez pas que si le client s'alimente bien ou peu, **et que c'est habituel pour lui**, il n'est pas convenu de le noter. Par contre, ce qui est exceptionnel dans sa situation inspirera le contenu de vos écrits : il ne mange pas alors qu'il mangeait bien, ou vice versa ? Il prend des aliments qui lui sont défendus ? Il ne mange que la nourriture apportée par ses visiteurs, sans respecter ses restrictions ? Il dépasse la quantité de sa limite liquidienne permise ? Il mange seul alors qu'il avait besoin d'assistance auparavant ? Il est incapable de mastiquer et s'étouffe moins avec les liquides ? etc. Voilà autant de points qui peuvent inspirer votre recherche d'observations pertinentes.

Passez à la page 122.

Déplacements

L'infirmière peut observer plusieurs points révélateurs de l'autonomie du client lors de ses déplacements. Elle peut obtenir de bons renseignements sur son équilibre, sa démarche, ses mouvements, sa préhension et sa tolérance. Voici quelques formulations illustrant ces points :

a) **Degré d'autonomie** :

« *Marche seule, sans aide technique.* »

« *Incapable de se lever du lit sans aide mais se déplace seul une fois debout.* »

« *Circule avec sa marchette, la pousse au lieu de la soulever.* »

b) **Équilibre** :

« *Cherche à saisir les objets parce qu'il est déséquilibré.* »

« *Penche d'un côté lorsqu'il est assis.* »

« *Vacille lorsqu'elle marche.* »

c) **Démarche** :

« *Boite quand elle marche.* »

« *Démarche chancelante.* »

« *Festination.* »

« *Marche courbé.* »

« *Se tient après les meubles quand il se déplace dans sa chambre.* »

« *Se traîne les pieds.* »

d) **Mouvements** :

« *Gestes hésitants.* »

« *Tremblements des mains.* »

e) **Préhension** :

« *Incapable de tenir un ustensile.* »

« *Ne peut saisir son crayon.* »

122

« Incapable de fermer la main pour prendre son savon. »

f) **Tolérance :**

« Dit éprouver de la fatigue quand il se rend à la toilette. »

« Essoufflé après avoir marché dans le corridor. »

« Se plaint d'étourdissements quand il prend son bain. »

« Dit qu'il a des palpitations quand il circule dans sa chambre. »

Ne vous limitez pas à ces exemples pour décrire les déplacements du client ; bien d'autres illustreraient sa condition. Retenez que l'important est d'arriver à trouver les bons mots qui décrivent sans équivoque une situation.

Habillement

Dans cette activité de la vie quotidienne, il est également primordial de vérifier le degré d'indépendance du client à se vêtir et se dévêtir. Des informations sur la qualité de sa préhension compléteront celles relatives à ses capacités. Voici quelques suggestions de formulations descriptives :

« Capable de s'habiller seul. »

« Incapable de boutonner ses vêtements. »

« Capable de mettre ses bas et ses souliers mais incapable de les attacher. »

« Ne peut se pencher pour mettre ses pantoufles. »

Des observations sur l'état des vêtements sont parfois très informatives de l'état d'une personne en perte d'autonomie. Par exemple :

« Vêtements sentent l'urine. »

« Porte des vêtements souillés d'aliments. »

4.8 Les fonctions d'élimination

L'incontinence urinaire ou fécale est un problème fréquemment rencontré. On lit souvent dans les notes que la *culotte d'incontinence est changée ;* ce n'est pas pertinent, pas plus que d'écrire que la *literie est changée.* Cela va de soi que le personnel infirmier voit à procurer cette mesure élémentaire de confort.

Si un programme de rééducation vésicale est envisagé, il devient nécessaire de noter l'heure de chaque incontinence et le nombre. Ces informations seront alors fort utiles pour adapter des interventions visant le contrôle de la vessie. On s'abstiendra donc d'écrire ceci : *incontinences urinaires × 2,* par exemple. Dans le cas du client incontinent, pour qui on ne tente aucun moyen de rééducation, on notera plutôt l'absence d'incontinence puisqu'on devra alors prendre des mesures spéciales pour vider la vessie.

Il s'avère difficile d'indiquer une quantité pour une incontinence, qu'elle soit urinaire ou fécale. On ne devrait pas lire des remarques comme *fait une grosse incontinence urinaire, bonne incontinence fécale, incontinence urinaire abondante, incontinence fécale normale.* Si on le juge approprié, on peut préciser la grandeur de la culotte souillée par l'incontinence, en utilisant les fractions ou les pourcentages. Si elle est très peu souillée d'urine, ou que le client ne fait pas d'incontinence pendant une période assez longue, on vérifiera les signes de rétention comme la présence d'un globe vésical. C'est ce qu'on expliquera alors dans les notes. Voici quelques exemples :

« 01:30 et *04 :30*	*Incontinence urinaire. Mouille la moitié de sa culotte.*
06:00	*Essaie d'uriner dans le bassin de lit, sans succès.*
06:45	*Incontinence urinaire et fécale. Culotte souillée au 1/4. »*
« 16:00 à 24:00	*Aucune incontinence urinaire. Pas de globe vésical. A bu environ 250 ml d'eau.*
03:30	*Conduite à la toilette, dit qu'elle ressent le besoin d'uriner. Aucune miction.*
04:15	*Incontinence urinaire, urine de couleur acajou, d'odeur nauséabonde. »*

4.9 Changements de position

On n'insistera jamais assez sur l'importance d'alterner fréquemment les positions pour un client alité ou qui se lève au fauteuil pour de courtes périodes. Il n'est pas nécessaire d'inscrire chaque changement de position ; cela deviendrait inutilement répétitif. Ce qui est remarqué lors de cette activité de soins pourrait être noté au dossier :

- Le degré de participation du client ;

- Les observations sur l'état de la peau : *rougeurs aux saillies osseuses, l'endroit, si elles disparaissent après un temps donné ;*

- La présence d'ulcère de pression, si observé : *localisation, grandeur, aspect, présence ou non d'exsudat et description si c'est le cas, soins prodigués ;*

- Autres manifestations objectives ou subjectives.

En voici des exemples de formulation :

« Peut utiliser son côté sain pour se mobiliser au lit . »

« Rougeur à la malléole externe gauche. Installé en décubitus latéral droit. »

« Rougeur au coccyx disparaît 30 min après changement de position. A tendance à reprendre la position dorsale malgré positions latérales alternées q. 2 h. Refuse qu'on le couche sur le ventre. »

« Plaie au coccyx de 2 cm de diamètre, exsudat séreux, pourtour rouge. Opsite installé. Explications données sur l'importance de varier les positions . »

« Accuse douleur à la hanche droite lors des changements de position. Incapable de tolérer la position dorsale plus d'une heure. »

On lit fréquemment des observations comme celles-ci : Positions alternées q. 2 h. ou Changement de position q. 2 h. ou Tourné q. 2 h. On sait ainsi que l'infirmière fait bien son travail, mais est-ce que cela renseigne sur le client ? Non, bien sûr. Il vaudrait mieux noter ce que l'on constate lors de cette activité de soins. Ce serait plus informatif.

4.10   Inscription des médicaments

D'entrée de jeu, rappelons que l'inscription des médicaments administrés est une obligation légale[31]. L'informatisation de plus en plus répandue du dossier ou de ses parties réduit considérablement le temps consacré à l'enregistrement de la médication. Plusieurs milieux utilisent une feuille de *Profil pharmacologique* ou de *Médication* qui contient les détails de chaque médicament que le client reçoit. Peu importe l'endroit où elles sont notées, on doit cependant retrouver toutes les informations suivantes :

- La date et l'heure d'administration ;
- Le nom de chaque médicament ;
- La dose administrée ;
- La voie d'administration : per os, I.M., S.C., I.V., I.D., S.L., I.R., topique, intra-vaginale.

Quand cela s'applique, on ajoute dans les notes d'observation ou à l'endroit approprié :

Les particularités relatives à la médication : si on doit vérifier un des signes vitaux, le site d'une injection ;

La réaction du client : effet désiré et effets secondaires.

Voici quelques exemples d'inscription complète :

« 10:00   *P 72 irrégulier. Lanoxin 0,125 mg 1 co. p.o. »*

« 08:00   *Insuline Humulin N 14 unités et Humulin R 10 unités S.C. bras gauche. »*

« 13:00   *Maalox 30 ml per os. »*

« 09:00   *Nilstat 500 000 unités, 5 ml en badigeonnage buccal. Se plaint de brûlures dans la bouche, plaques blanches et rouges sur la muqueuse buccale. »*

« 10:00   *Sulamyd sodique ung. 10 % 1 gtt. O.U. »*

« 19:30   *Mépéridine 50 mg I.M., QSED. Dit être soulagé de ses douleurs lombaires après 45 min. »*

« 11:00   *Crème Canesten en application sur lésions de la lèvre supérieure. Rougeur moins prononcée qu'hier, se plaint de prurit. »*

« 22:00   *Aprésoline 25 mg 1 co p.o. P.A. 140/90. Se plaint d'étourdissement 30 min après l'avoir pris. »*

« 13:30   *Gravol 100 mg 1 supp. I.R. Dit être moins nauséeux par après. »*

Dans les centres où une feuille est spécialement consacrée à l'enregistrement de la médication, seules les données concernant les éléments de surveillance spécifique sont détaillées dans les notes d'observation.

Plusieurs justifications peuvent expliquer la non administration de la médication :

a) Quand le client refuse de prendre un médicament, on essaie d'en connaître la raison et on le mentionne au dossier[32].

   « 08:30 Refuse de prendre Sulfate ferreux. Dit que ça la constipe. »

   « 10:00 Ne veut pas prendre Voltaren 25 mg. Se plaint de brûlures épigastriques. »

   « 08:15 Refuse Cisapride 10 mg. Ne donne aucune raison. Dit : "Je ne veux pas le prendre, un point c'est tout". »

   « 22:15 Ne prend pas Halcion 0,25 mg. Dit qu'il a trop de difficulté à se réveiller le matin. »

b) Quand l'état du client justifie qu'on ne donne pas un médicament :

   « 10:00 Catapres 0,1 mg non donné. P.A. 90/60 . »

   « 09:00 Lanoxin 0,25 mg non donné. P 54, irrégulier. »

   « 18:00 Novasen 325 mg per os non donné. Somnolente, s'étouffe.

   18:15 Dre Le Huu Thi avisée.

   18:30 Novasen 325 mg I.R. »

c) Quand un médicament n'est pas disponible au moment voulu, on vérifie auprès du service de pharmacie et on retarde l'administration. On ne fait aucune mention dans les notes[33]. Il est préférable que le client reçoive sa dose en retard plutôt que de ne pas l'avoir du tout. Pour pallier ce genre de situation, plusieurs centres qui ont une feuille de *Profil pharmacologique* utilisent un code qui explique qu'on ne disposait pas d'un médicament pour l'heure requise.

Médication PRN

Quand l'infirmière administre un médicament au besoin, selon une situation clinique spécifique, elle décrit dans ses notes :

- La condition du client qui en justifie la nécessité ;
- Le détail de la médication administrée ou une expression signifiant que le client a reçu un médicament prescrit au besoin ;
- L'effet observé ;
- Les autres réactions que le client présente.

Par exemple :

« 22:00   *T° 39,4 °C, diaphorèse, P 108.*

22:10   *Acétaminophène 650 mg per os **ou** 2 co. de 325 mg/co. p.o.*

23:25   *T° 38,5 °C, diaphorèse ↓, P 92.* »

« 08:20   *Nauséeux, faciès pâle.*

08:30   *Gravol 100 mg 1 supp. I.R.*

10:00   *Dit être soulagé, mais refuse de boire.* »

« 05:15   *Dyspnéique après être allé à la toilette. Dit qu'il manque d'air. Ventolin 100 mcg/dose et Béclovent 250 mcg/dose 1 inh. Dit mieux respirer par après.* »

Dans les milieux où il existe une feuille spéciale pour la médication, il n'est pas nécessaire de réécrire intégralement le médicament dans les notes d'observation. On évite la duplication de l'information puisqu'on a tous les détails ailleurs dans le dossier. Pour montrer qu'une action a été posée, on peut l'exprimer ainsi :

« *A pris antipyrétique per os **ou** Antipyrétique donné.* »

« *Antiémétique I.R. **ou** A reçu antiémétique.* »

« *Prend ses médicaments en inhalation.* »

« *Reçoit médication **ou** Médication donnée.* »

On doit répéter l'inscription de la médication PRN, car les raisons qui en expliquent l'administration sont variables, de même que l'effet attendu.

Lequel de ces exemples décrit correctement l'administration d'un médicament prescrit PRN ?

a) *« 14:00*   *Se plaint de douleur lancinante à la jambe gche ↑ à la mobilisation.*

       14:10   *Reçoit analgésique p.o.*

       15:15   *Se plaint encore de douleur à la jambe mais peut circuler □ sa marchette. »*

Passez à la page 130.

b) *« 01:00*   *A l'air souffrant, gémit constamment, ne peut rester calme.*

       01:15   *Morphine 15 mg via papillon S.C. au thorax.*
       et 05:15

       02:15   *Dit être soulagé. Plus calme. »*

Passez à la page 131.

Cet exemple décrit l'administration d'un médicament PRN de façon complète :

Se plaint de douleur lancinante à la jambe gauche ↑à la mobilisation	Évaluation de la condition du client justifiant l'administration du médicament à ce moment précis.
14:10 Reçoit analgésique p.o.	Action entreprise. Les détails de la médication se retrouvent sur la feuille spéciale d'enregistrement des médicaments. Si une telle feuille n'est pas utilisée, on doit alors inscrire l'heure, le nom du médicament, la dose exacte et la voie d'administration.
Se plaint encore de douleur à sa jambe	Observation subjective de l'effet du médicament.
Peut circuler ⬚ sa marchette	Observation objective en relation avec la manifestation initiale.

Continuez à la page 132.

130

Commentons l'exemple *b)*. Il n'est pas tout à fait convenable.

Souffrant, gémit constamment, ne peut rester calme.	C'est la raison pour laquelle on décide de donner un médicament PRN. Par contre, ça ne décrit pas correctement la douleur ressentie par le client. Le terme *souffrant* ne doit pas être employé puisqu'il n'est pas descriptif.
01:15 et 05:15 Morphine 15 mg via papillon S.C. au thorax.	À moins qu'une feuille spéciale n'existe, on doit répéter toute l'inscription de la médication PRN. On aurait pu utiliser une expression comme *Reçoit analgésique* ou *Médication donnée.*
Dit être soulagé. Plus calme.	C'est le résultat observé.

Chaque administration doit être justifiée. La raison risque de varier. Il peut y avoir des différences dans l'intensité de la douleur ; d'autres signes peuvent apparaître. Il est possible que le résultat observé ne soit pas celui escompté.

Revenez à la page 129 et choisissez l'autre exemple proposé.

4.11 Admission, départ et transfert

L'étape de collecte de données commence dès l'admission du client en centre hospitalier. Les informations recueillies en constituent les premiers éléments de connaissance. Ce processus s'étendra de façon continue, qu'on retrouvera, entre autres, dans la narration des faits nouveaux observés durant toute la période d'hospitalisation. Dans le contexte du virage ambulatoire, la durée du séjour à l'hôpital peut s'avérer très courte.

Admission

Beaucoup de données sont préalablement obtenues par le service d'admission. Éventuellement, le développement des systèmes d'information contribuera sûrement à réduire les éléments à inscrire dans les notes. Ils seront rapidement consignés grâce au support de l'ordinateur. Évidemment, il faut se conformer aux pratiques et aux instruments utilisés dans le milieu pour éviter les répétitions inutiles.

Que les données soient obtenues lors d'une entrevue avec le client ou à d'autres sources (la famille, les proches, une personne significative) ou par l'observation directe, les notes d'admission devraient au moins contenir les éléments suivants :

- L'heure d'arrivée ;
- Le statut ambulatoire : *sur pieds, en chaise roulante, en civière* ;
- L'usage de matériel s'il y a lieu : *canne, déambulateur* ;
- Les signes cliniques objectifs et subjectifs ;
- L'heure où le médecin est avisé et son nom ;
- Les soins infirmiers prodigués immédiatement, selon l'état du client ;
- Ses réactions face à son admission et les attentes exprimées, si cela est pertinent.

Des informations complémentaires importantes seront enregistrées sur d'autres feuilles que celle où l'infirmière écrit ses notes : prélèvements faits pour des examens de laboratoire, masse et taille, les signes vitaux, les médicaments pris à domicile s'il y a lieu, les allergies connues (spécifiez s'il n'y en a pas). Certains centres hospitaliers se servent d'une feuille spécialement réservée pour les notes d'admission où l'on retrouve sensiblement les mêmes renseignements (*cf.* Annexe II). On verra à ne pas faire de duplication.

Exemple de notes d'admission dans un centre hospitalier de soins de courte durée pour une cliente souffrant d'une bronchopneumopathie chronique obstructive :

« *2000-06-01*   *14:15*   *Arrive sur pieds, accompagnée de son époux. Utilise une marchette, dos courbé, traîne ses pieds. Dit qu'elle s'essouffle facilement, R 26. Respire par la bouche en soulevant les épaules. Doigts cyanosés. Toux grasse non productive.*

14:30   *Dr Lefort avisé de l'admission.*

15:00   *Dyspnéique, R 30/min. Installée en position Fowler haute, O_2 par masque à 28 %. Toux grasse productive : expectore des sécrétions verdâtres, épaisses. Plus essoufflée après avoir expectoré. Encouragée à boire. Dit qu'elle boit peu et qu'elle se sent nerveuse. Resp. superficielle. Pratique l'expiration avec les lèvres pincées : dit se sentir plus calme.*

15:30   *R 24. Exprime sa crainte de rester seule. Dit qu'elle a peur de mourir à l'hôpital. Rassurée par son mari.* »

Exemple de notes d'admission dans un centre hospitalier de soins de longue durée pour un client hémiplégique gauche suite à un accident vasculaire cérébral droit. Les notes sont échelonnées sur une période de 24 heures.

« *2000-06-01*   *10:15*   *Arrive sur civière. Se plaint de céphalée temporale dr. et occipitale ↑ par la toux. Se sert de son côté dr. pour se mobiliser dans son lit. Visage crispé, se plaint de vision embrouillée. P.A. 150/88, P 92, R 22. Installé en décubitus lat. gche. Regarde son côté paralysé.*

10:30   *Analgésique per os donné.*

11:30   *Dit être partiellement soulagé.*

12:00   *Nauséeux, refuse Gravol. Ne mange que sa soupe au dîner, mais tolère. Capable de manger seul.*

*14:00   Exercices passifs et actifs au côté gche : utilise son
          bras droit pour faire des mouvements d'abduction,
          d'adduction et d'amplitude du bras gche. Dit qu'il se
          sent beaucoup diminué et que ça le gêne de dépendre
          des autres. Ajoute : "Je suis prêt à tout faire pour ne
          pas être un fardeau". Ne se plaint plus de céphalée,
          ni de nausées. Mange Jell-O, biscuits et jus, tolère.*

*14:30   Levé au fauteuil 15 min : rougeur au coccyx et au
          talon gche. »*

« 2000-06-01   16:30   Changé de position.

*17:00   Rougeur au coccyx et au talon gche persiste 30 min
          après changement de position. Massage des points de
          pression.*

17:30   Mange tout son repas, Ø nausées.

*18:00   Levé sur chaise d'aisance : mise en charge sur sa
          jambe gche, a tendance à plier la jambe, mais se sert
          de son côté dr. pour se redresser. Fait son transfert
          complet sans aide. Essoufflé par après.*

*22:10   Accuse légère céphalée temporale dr. Situe sa
          douleur à 3/10.*

22:15   Analgésique donné.

23:40   Semble dormir. »

« 2000-06-02	*00:15 à 06:00*	*Semble dormir aux tournées q.h. Dit être reposé au réveil. Ne se plaint pas de céphalée lors des changements de position.*
	06:00	*Ø rougeur aux points de pression. Levé sur chaise d'aisance. Se plaint de raideur à la jambe droite mais exécute son transfert sans aide. »*

Sur une unité de soins de longue durée, les notes entourant le processus d'admission doivent tenir compte des réactions du client à son nouvel environnement et à sa situation d'hébergement. Des données sur son degré d'autonomie dans l'accomplissement des activités de la vie quotidienne devraient également être incluses, au même titre que celles renseignant sur les besoins fondamentaux[34].

Départ

Lorsque le client **quitte temporairement l'unité de soins** pour un examen, un traitement ou un soin dans un autre centre hospitalier, on note :

• L'heure de départ ;

• L'endroit où il se rend et la raison ;

• L'heure du retour ;

• L'état du client si c'est approprié.

Par exemple :

« 09:15   Se rend en médecine nucléaire pour une scintigraphie hépatique. De retour à 10:45. »

« 13:30   Va en physiothérapie pour un traitement au bain tourbillon.

14:40   De retour. Dit être très fatiguée. Se plaint d'engourdissements dans les jambes. »

« 08:15   Départ en ambulance pour le C.H. Lafleur pour une coronarographie.

135

13:00   De retour. Ø gonflement ni ecchymose à l'aine dr. Pans. compressif non souillé. Dit ressentir de légers picotements dans la jambe dr. Pouls pédieux et tibial perceptibles. Informé de garder la position de décubitus ad 19 h.

14:00   Ne se plaint plus de picotements dans la jambe.»

Ce ne sont pas toutes les allées et venues du client qui méritent d'être notées. L'infirmière ne mentionnera que celles dont elle est témoin, et à la condition que ce soit pertinent. Une personne hospitalisée pour une longue réadaptation physique aura plusieurs traitements de physiothérapie ou d'ergothérapie dans la même semaine. Il serait fastidieux de les noter tous, d'autant plus que les professionnels dispensant ces traitements sont obligés de rédiger des notes d'évolution spécifiques.

De même, pour le client en soins de longue durée qui participe à des activités récréatives, que ce soit en dehors de l'unité de soins ou du centre, il n'est pas plus justifié de noter cette absence. À la place, il sera plus intéressant de souligner son état psychologique ou physique avant ou après l'activité, si cela représente un élément nouveau ou différent de son comportement habituel.

Lorsqu'un client **quitte définitivement** le centre hospitalier, l'infirmière n'a pas à signifier dans ses observations que le congé est autorisé[35]. Une note de départ doit cependant être écrite[36] où l'on retrouvera[37] :

- L'enseignement fait s'il y a lieu, et la compréhension des instructions de départ[38] ;
- Le statut ambulatoire au départ ;
- L'heure du départ ;
- Les réactions du client quand cela est pertinent.

Par exemple :

« 2000-06-01   09:30   Points de suture à l'hypocondre droit enlevés. Plaie propre, laissée à l'air. Informations données sur les soins de plaie : peut réexpliquer quoi faire et nommer les signes d'infection. Verbalise son appréhension face à son retour au travail.

10:00   Quitte l'unité sur pieds, seul.»

136

« 2000-06-01   11:15   *Pose des questions sur les aliments faibles en gras. Brochures remises sur l'effet du cholestérol. Révision des moyens pour prévenir les douleurs thoraciques : capable de nommer les facteurs déclenchant une DRS.*

14:20   *Exprime son intention d'être attentif à sa condition cardiaque et de faire tout ce qu'il peut pour prévenir les crises d'angine. Départ de l'unité sur pieds, accompagné de sa conjointe. »*

« 2000-06-01   13:45   *Dit qu'elle est très inquiète de retourner à la maison si tôt après un triple pontage. Elle et son époux expriment leur peur des complications, malgré toutes les informations reçues. Disent qu'ils n'hésiteront pas à contacter leur CLSC en dehors des visites d'une infirmière. Rappel des points à observer pour détecter les complications et de l'importance des rendez-vous ultérieurs. Se disent plus rassurés.*

14:20   *Quitte l'unité en chaise roulante. »*

Départ sans autorisation médicale

Pour toutes sortes de raisons, le client peut désirer vouloir quitter le centre hospitalier alors qu'il n'a pas l'autorisation de son médecin traitant. Même s'il n'est pas obligé de signer la *déclaration en cas de départ sans congé* (cf. Annexe III), on l'incitera à le faire et on spécifiera dans les notes d'observation :

- La raison invoquée par le client et la description de son comportement général ;

- Les moyens de dissuasion (informations sur les conséquences d'un tel geste) ;

- Le refus ou l'acceptation de signer la déclaration ;

- La date, l'heure du départ, la présence ou non d'escorte, le statut ambulatoire, la destination si elle est connue ;

- L'heure à laquelle le médecin est informé du départ, et son nom.

Par exemple :

« *2000-06-01*   *14:30*   *Parle fort, dit être très mécontent des soins reçus, veut qu'on lui laisse la paix, veut voir le médecin à tout prix.*

                  14:45   *Enlève lui-même son soluté, veut quitter l'hôpital. Avisé des conséquences de sa décision. Signe la formule de départ sans congé.*

                  15:00   *Crie : "Vous êtes tous des incompétents". Quitte l'unité seul, sur pieds. Ne veut pas dire où il s'en va.*

                  15:05   *Dre Lambert avertie.* »

Transfert

Si le client doit être **transféré sur une autre unité de soins,** il est important de noter :

- Sa condition avant le transfert ;
- L'heure du transfert ;
- L'heure d'arrivée dans la nouvelle unité ;
- Sa condition à l'arrivée.

Par exemple :

« *2000-06-01*   *19:00*   *T°R 39 °C. Cherche à sortir du lit et à enlever son soluté. Frissons. Ne reconnaît pas ses visiteurs.*

                  19:10   *Incontinence urinaire et fécale.*

                  19:40   *Transfère à l'unité 2B.*

                  19:50   *Arrive à l'unité. Propos incohérents : parle de forêt et de monstres.*

                  20:00   *T°R 39,4 °C, P 116. Frissons. Reconnaît son épouse, désorienté dans le temps et l'espace.* »

(Suite des observations)

Voici un exemple de notes quand un client résidant dans un centre hospitalier de soins de longue durée doit être transféré dans un centre de soins de courte durée :

« 2000-06-01   13:15   Dysarthrique, propos incompréhensibles. Répond aux questions par des signes de tête. P.A. 180/100, P 84 bondissant, R 28. Ne bouge pas son côté droit, Ø réaction à la douleur de ce côté. Pupilles réactives, isocorie. Tête de lit ↑ à 30°, installé en décubitus lat. gche.

13:25   Dr Labonté avisé, dit qu'il viendra.

13:30   O₂ par masque à 28 %, R 30, stertoreuse.

13:45   Incontinence urinaire

14:00   Visite du Dr Labonté. P.A. 170/100, P 80.

14:30   Transfert à l'hôpital général, en ambulance, accompagné de L. Laporte inf. »

Notes et références

1. ORDRE DES INFIRMIÈRES ET INFIRMIERS DU QUÉBEC. *Perspectives de l'exercice de la profession d'infirmière,* Direction de la qualité de l'exercice, Mars 1996, p. 18.

2. Il faut savoir que l'enregistrement des médicaments au dossier du client est une obligation légale. En effet, le *Règlement sur l'organisation et l'administration des établissements* stipule que le dossier tenu par un centre hospitalier (article 53, paragraphe 3.1), par un centre d'accueil (article 55, paragraphe 6.1), par un centre local de services communautaires (article 56, paragraphe 5.1) comprend notamment : *l'enregistrement des étapes de préparation et d'administration des médicaments.*

3. ANONYME. "Charting Tips : Easy as PIE", *Nursing,* vol. 29, n° 4, April 1999, p. 25.

4. ANONYME. "Charting Tips : 10 Rules for Good Charting", *Nursing,* vol. 28, n° 5, May 1998, p. 27.

5. ANONYME. "Documentation Tips", *Home Healthcare Nurse,* vol. 17, n° 3, March 1999, p. 194.

6. WILSON, Jo. "Proactive Risk Management : Documentation of Patient Care", *British Journal of Nursing,* vol. 7, n° 13, June 9-22 1998, p. 797.

7. CASTLEDINE, George. *Writing Documentation and Communication for Nurses,* Nr Salisbury, Mark Allen Publishing Ltd, 1998, p. 50.

8. FEDERWISCH, Anne. "Charting your Way to Valid Outcomes", *Nurseweek,* vol. 11, n° 5, March 6 1998, p. 1.

9. SMALLMAN, Suzan. "Record Keeping", *Community Nurse,* vol. 4, n°12, January 1999, p. 16.

10. BLUMENREICH, Gene A. "Significance of Signing Medical Chart on Legal Liability", *AANA Journal,* vol. 67, n° 1, February 1999, p. 14.

11. OIIQ. *Op. cit.,* p. 17.

12. CASTLEDINE, George. *Op. cit.,* p. 131.

13. ANONYME. "Charting Tips : 10 Rules For Good Charting", *Op. cit.*, p. 27.

14. ANONYME. "Nursing 1997 Legal Handbook", *Nursing,* vol. 27, n° 6, June 1997, p. 45.

15. *Ibid.*

16. BLUMENREICH, Gene A. *Op. cit.*, p. 16.

17. MEINER, Sue E. *Nursing Documentation : Legal Focus Across Practice Settings*, Thousand Oaks, SAGE Publications Inc., 1999, p. 44.

18. *Ibid.*

19. LEHNA, Carlee, Linda SECK and Sheri CHURCHES. "Development of an Outcome Measure to Document Pain Relief for Home Hospice Patients : A Collaboration Between Nursing Education and Practice", *American Journal of Hospice & Palliative Care*, vol. 15, n° 6, November-December 1998, p. 345, 350.

20. OIIQ. *Op. cit.*

21. *Ibid.,* p. 13, 14, 15, 16, 19, 20.

22. *Ibid.,* p. 10.

23. *Dictionnaire Le Nouveau Petit Robert*, 1996, p. 152.

24. *Ibid.,* p. 423.

25. CALFEE, Barbara E. "Charting Tips : Avoiding generalizations", *Nursing,* vol. 28, n° 3, March 1998, p. 17.

26. DOENGES, Marilynn E., Monique LEFEBVRE et Mary Frances MOORHOUSE. *Diagnostics infirmiers et interventions, guide pratique*, Montréal, Éditions du Renouveau Pédagogique Inc., 1996, p. 133.

27. *Ibid.,* p. 140.

28. EGGLAND, Ellen. "Documenting Psychiatric and Behavioral Outcomes", *Nursing,* vol. 27, n° 4, April 1997, p. 25.

29. DOENGES, Marilynn E., Monique LEFEBVRE et Mary Frances MOORHOUSE, *Op. cit.,* p. 136.

30. OIIQ. *Perspectives de l'exercice de la profession d'infirmière, Op. cit.,* p. 13.

31. GOUVERNEMENT DU QUÉBEC. *Règlement sur l'organisation et l'administration des établissements, S-5, r.3.01. Op. cit.*

32. CHAPMAN, Gina F. "Charting Tips : When Medications Aren't Given", *Nursing,* vol. 28, n° 11, November 1998, p. 17.

33. *Ibid.*

34. DIRECTION DU GROUPE DES CHSLD. *Avis sur les notes d'évolution de l'infirmière au dossier de l'usager en hébergement et en soins de longue durée,* avril 1994, p. 4-5.

35. Le *Règlement sur l'organisation et l'administration des établissements, article 53, paragraphe 21° et article 55 paragraphe 18°,* stipule qu'on doit retrouver l'avis de congé du médecin dans le dossier.

36. Le même règlement précise qu'il doit y avoir une note de départ. La mention du départ du bénéficiaire doit apparaître au dossier.

37. ANONYME. "Charting Tips : Writing a Narrative Discharge Summary", *Nursing,* vol. 29, n° 1, January 1999, p. 25.

38. EGGLAND, Ellen. "Documenting Discharge Teaching", *Nursing,* vol. 27, n° 3, March 1997, p. 25.

UNITÉ V

EXERCICES

Cette dernière unité comprend quelques exercices vous permettant de vérifier le degré d'intégration des notions étudiées dans les unités précédentes. Ne consultez pas les explications, mais faites plutôt appel à ce que vous avez retenu.

PREMIER EXERCICE

Il s'agit de faire une analyse critique des notes d'observation ci-dessous. Tous les exemples comportent des lacunes, que ce soit au niveau de leur pertinence, de leurs qualités, ou de leur formulation. Pour les trouver, vous n'avez pas besoin de connaître le contexte auquel ils réfèrent. Identifiez d'abord les éléments qui vous apparaissent inacceptables. Ensuite, précisez les arguments qui appuient votre jugement. Finalement, comparez avec les explications données. Une suggestion de correction vous est présentée. N'étant pas dans un contexte réel, les formulations corrigées sont inventées. Dans une situation réelle, elles seraient libellées différemment.

Exemple n° 1 - Une cliente avec un problème urinaire

« 09:30   Se plaint de n'avoir pas uriné depuis hier soir. Encouragée à boire.

11:00   Diurèse sur chaise d'aisance. Urine normalement. »

Exemple n° 2 - Un client et ses autosoins d'hygiène personnelle

« 8 h 45   Encourageons à ce qu'il se lave seul. Présente beaucoup de difficulté à le faire. »

Exemple n° 3 - Une cliente présentant des troubles cognitifs

« Confuse ++ et désorientée. Parle avec sa fille, circule au besoin avec elle. Complètement perdue, oublie tout. »

Explications des lacunes de chaque exemple

Exemple n° 1 - Une cliente avec un problème urinaire

Se plaint de n'avoir pas uriné depuis hier soir

On ne sait pas depuis combien de temps exactement la personne n'a pas uriné. Pour montrer que l'infirmière a fait une évaluation générale de ce problème, il aurait été intéressant d'ajouter les autres éléments vérifiés : présence ou non de globe vésical, tentatives infructueuses, etc.

Encouragée à boire

Encourager la cliente à boire ne signifie pas qu'elle boit. Il est préférable de noter la quantité de liquide bu.

Diurèse sur chaise d'aisance

La formulation est boiteuse. Le mot *diurèse* définit l'élimination urinaire dans son ensemble, qu'il s'agisse de la quantité des urines ou de leur composition. Il est donc plus juste d'employer le terme *miction* puisqu'il concerne l'acte d'uriner comme tel.

Urine normalement

Qu'est-ce que cela veut dire ? Être capable d'uriner sans aide, en quantité suffisante ? On ne doit jamais prendre pour acquis que tout le monde a exactement la même perception d'un phénomène. Il vaut mieux être plus descriptif. Dans ce cas-ci, il est important de mesurer la miction, puisque la personne n'a pas uriné pendant une longue période, et de décrire également l'aspect de l'urine.

Malgré ses faiblesses, cet exemple est complet. En effet, on y distingue l'énoncé d'un problème, les interventions effectuées et leur résultat.

Suggestion de reformulation

« 09:30   Aucune miction depuis hier soir à 21 heures 30. Globe vésical. Essaie d'uriner, incapable. Boit 200 ml d'eau.

10:15   Levée sur chaise d'aisance. Miction de 450 ml, urine jaune clair. »

Exemple n° 2 - Un client et ses autosoins d'hygiène personnelle

8 h 45

Ce n'est pas la bonne façon d'écrire l'heure. On doit toujours le faire selon la période des 24 heures. Seuls les deux points (:) sont admis comme séparateurs entre les heures et les minutes.

Encourageons à ce qu'il se lave seul

Pour montrer l'évaluation du degré d'autonomie de la personne dans ses autosoins, il vaut mieux décrire ce qu'elle est **capable** ou **incapable** de faire. Telle que formulée, la note ne nous fournit pas ce renseignement.

Présente beaucoup de difficulté à le faire

Quelle difficulté le client présente-t-il ? Pour mieux connaître son évolution, il faudrait décrire les difficultés observées. Que veut dire le mot *beaucoup* ? Comment peut-on quantifier une difficulté ? Cela demeure une explication subjective, mais venant de la personne qui l'écrit et non du client, comme cela devrait être.

Suggestion de reformulation

« *08:45 Commence à se laver seul. Incapable de tordre la débarbouillette. Veut se laver l'abdomen avant le visage. Oublie de savonner. Répète ses erreurs même après lui avoir expliqué comment procéder.* »

Exemple n° 3 - Une cliente présentant des troubles cognitifs

Confuse ++ et désorientée.

Le mot *confuse* peut suggérer une image négative de la cliente. Les ++ sont à proscrire puisqu'il ne sont pas descriptifs d'une quantité. Comment peut-on évaluer le degré de confusion de quelqu'un ? Quand c'est pertinent, il est préférable de rapporter les propos de la personne ou de décrire les manifestations de son comportement. Il faut préciser les sphères de désorientation.

Parle avec sa fille

Le fait de parler avec sa fille n'implique pas qu'elle la reconnaît.

Circule au besoin avec elle. Complètement perdue, oublie tout

Puisque la cliente circule librement, on serait porté à déduire qu'elle est complètement perdue dans l'espace, qu'elle ne se situe pas dans les lieux. Est-ce vraiment ce qu'on veut dire ? Ne fait-on pas plutôt allusion à son état psychologique ? Il y a ambiguïté. Qu'est-il important de souligner dans ce que la cliente oublie ?

Suggestion de reformulation

« *14:00 Propos confus. Désorientée dans le temps et l'espace. Reconnaît sa fille, marche avec elle dans le corridor. Répète qu'on déménage sa chambre à chaque jour et qu'elle ne la retrouve jamais. Dit qu'on a dessiné son nom sur la porte, reconnaît le pictogramme avec une rose.* »

Devinez le nom de la cliente.

DEUXIÈME EXERCICE

Voici deux courts textes qui décrivent des situations fréquemment rencontrées en soins infirmiers. Exercez-vous à rédiger des notes courtes, mais précises et pertinentes. Faites une première lecture et identifiez les éléments que vous jugez bon de rapporter. Vous devez essayer de visualiser les situations pour tenter de les traduire en des termes simples. Ensuite, écrivez une formulation claire acceptable, puis comparez votre essai avec la suggestion. Sans être identique à la correction, votre note doit s'y rapprocher le plus possible.

Situation n° 1 - Une cliente et son alimentation

Madame Luganga est en isolation dans une chambre privée. Elle a une plaie infectée sur le devant de la cuisse gauche. Après le dîner, vers midi et demi, vous enlevez son plateau. Elle a mangé la moitié de ses légumes (elle n'aime pas beaucoup les haricots verts et les patates douces), et presque les trois quarts du pain de viande qui lui était servi. Elle n'a pas pris son dessert ni sa soupe et a bu le tiers de son thé (la tasse contient environ 300 millilitres).

Situation n° 2 - Un client hémiplégique marche avec un déambulateur

Monsieur Limovicz est hémiplégique du côté gauche. Il recommence à marcher en utilisant un déambulateur sans roulettes. Vous le voyez dans le corridor. Il pousse sa marchette au lieu de la soulever. Il avance à petits pas en traînant son pied gauche toujours tourné vers l'extérieur. Pour éviter le plus possible de mettre le poids du corps sur sa jambe gauche, il avance la marchette puis saute sur son pied droit. Vous lui expliquez la bonne façon de marcher avec cette aide technique. Immédiatement après vos explications, il marche correctement, mais si vous n'insistez pas, il revient à sa mauvaise habitude.

Suggestions de correction

Situation n° 1 - Une cliente et son alimentation

« 12:30   Ne mange que la moitié de son plat principal. Boit env. 100 ml. »

Il n'est pas nécessaire de préciser le type d'aliments ; la note n'a pas pour but de dresser un bilan alimentaire pour la diététiste. On pourrait éventuellement déduire que la cliente ne mange pas suffisamment, compte tenu de l'importance de manger des aliments riches en protéines à cause de sa plaie.

Situation n° 2 - Un client hémiplégique marche avec un déambulateur

« Circule dans le corridor c̄ sa marchette : la pousse au lieu de la soulever. Traîne son pied gauche en éversion, hésite à y mettre le poids du corps et saute sur sa jambe dr. Explications sur la bonne façon d'utiliser la marchette : s'exécute correctement tout de suite après, mais revient à son patron de marche si on n'insiste pas. »

Êtes-vous en mesure de *voir* marcher le client en lisant cette correction ? Reconnaissez-vous le modèle suivant : description d'un problème, intervention appliquée et réponse du client ? Vous aurez remarqué que cette note est plus longue que celle de la première situation. Sans être moins claire, y aurait-il une meilleure formulation ?

TROISIÈME EXERCICE

Le texte suivant décrit la situation d'une cliente ayant subi une hystérectomie. Elle en est à son premier jour postopératoire. Plusieurs éléments pertinents sont à consigner au dossier. Les évènements racontés se limitent à la période de l'avant-midi.

Pour vous exercer à écrire des notes d'observation :

- Lisez le texte en soulignant les points qui devraient être détaillés ;

- Composez une note pour chacun des points importants identifiés ;

- Utilisez les termes scientifiques adéquats ;

- Ayez recours aux abréviations reconnues ;

- Respectez les critères de pertinence, de précision, de concision, de clarté et de chronologie ;

- Signez correctement.

Après avoir écrit vos notes, comparez votre essai avec la correction suggérée.

Le premier jour postopératoire de Madame Lefrançois

À votre arrivée dans la chambre de la cliente vers 8 heures 10, vous voyez qu'elle serre les dents, qu'elle grimace et qu'elle retient sa respiration lorsqu'elle bouge dans son lit. Visiblement, elle est très souffrante. Elle vous confirme qu'elle a mal au ventre, là où on l'a opérée. Elle vous demande d'élever la tête du lit parce qu'elle est un peu étourdie. Elle transpire beaucoup et dit qu'elle ne se sent pas bien.

Le médecin a prescrit des injections par voie intramusculaire de Mépéridine 50 milligrammes à chaque 4 heures, si besoin. Elle peut en recevoir une à 8 heures 30. Vous la lui administrez dans le muscle fessier gauche et vous inscrivez le médicament sur la feuille de *Profil pharmacologique*. Trente minutes plus tard, vous lui donnez un bain au lit et changez ses draps puisqu'elle refuse de se lever au fauteuil. Elle vous dit qu'elle essaiera de se lever en après-midi, avouant qu'elle craint d'éprouver trop de douleur. Vous l'installez donc confortablement en position de décubitus latéral droit. Lorsque vous vérifiez ses signes vitaux à 10 heures, elle vous dit calmement qu'elle n'a plus de douleur et qu'elle est prête à essayer de se lever. Vers 10 heures 15, vous l'aidez à s'asseoir ; elle fait quelques pas, et peut rester assise pendant vingt minutes. Elle ne se plaint pas de fatigue après cette activité. Vers 11 heures, elle vous demande si elle peut boire. Comme cela lui est permis, vous lui donnez un berlingot de lait, boisson qu'elle apprécie beaucoup. Elle est souriante et détendue. Lorsqu'elle était assise au fauteuil, elle a fait des exercices d'inspirométrie. Comme elle ne se sent pas congestionnée, elle tousse mais est incapable d'expectorer. *"Je ne sens pas que j'ai des sécrétions"*, dit-elle. Lors de sa toilette personnelle, vous avez remarqué que son pansement abdominal n'était pas souillé. Comme elle n'a pas uriné depuis 23 heures hier soir, elle dit sentir sa vessie pleine et avoir très envie d'uriner. Vous constatez qu'elle n'a pas de globe vésical. Elle accepte de prendre le bassin de lit. Elle arrive à uriner à 11 heures 50. Vous dosez la miction : 325 millilitres d'urine jaune clair.

NOTES DE L'INFIRMIÈRE		Renseignements selon la carte adressographe
Date	Heure	Observations et soins infirmiers

FORMULATIONS SUGGÉRÉES

NOTES DE L'INFIRMIÈRE		Renseignements selon la carte adressographe
Date	Heure	Observations et soins infirmiers
2000-06-01	08:10	Accuse doul. au site opératoire. Tendue, faciès crispé, diaphorèse. Dit se sentir étourdie.
	08:30	Analgésique I.M. QSEG.
	09:30	Installée en décubitus lat. dr. Pans. abd. propre.
	10:00	Dit être soulagée.
	10:15	Levée au fauteuil env. 20 min. Tolère. Inspirométrie : toux sèche.
	11:00	Boit 250 ml de lait. N'a pas uriné depuis 23 heures hier soir. Ø globe vésical.
	11:50	Miction de 325 ml, urine jaune clair. Signature Ét. soins inf.
	08:10	Se plaint de dlr sévère au site opératoire. Tendue, faciès crispé, diaphorèse. Se plaint d'étourdissements.
	08:30	Reçoit Mépéridine I.M. fesse gauche.
	09:30	Pans. abd. non souillé. Installée en décubitus lat. dr.
	10:00	Ne se plaint plus de douleur.
	10:15	Levée au fauteuil ≈ 20 min. Exercices resp. : toux sèche.
	11:00	Boit 250 ml de lait. Aucune miction depuis 23 heures hier soir. Ø globe vésical.
	11:50	Miction de 325 ml, urine jaune clair. Signature Ét. sc. inf.

152

LEXIQUE

L'emploi d'une terminologie spécifique est de rigueur pour arriver à rédiger des notes d'observation qui répondent aux critères de précision et de concision. Cela démontre également un niveau de connaissances scientifiques propre à tout professionnel.

Loin d'être complète, la liste suivante renferme des mots couramment utilisés. Ils sont d'abord regroupés par sujet, puis par ordre alphabétique. Nous avons voulu les imager le plus possible pour en faciliter leur compréhension. Si vous essayez de les expliquer dans vos propres mots, vous les retiendrez plus aisément.

Mouvements des membres et des articulations

Abduction : c'est un mouvement qui éloigne un membre de la ligne médiane du corps. Par exemple, le bras est en **abduction** lorsqu'on l'éloigne du corps, en le levant latéralement par rapport à l'articulation de l'épaule.

Adduction : c'est un mouvement qui rapproche un membre du plan médian du corps. Lorsqu'on ramène le bras qu'on a éloigné, on fait un mouvement d'**adduction**.

Extension : c'est un mouvement qui étend un membre en longueur. Lorsque la jambe est dépliée dans toute sa longueur, qu'elle est étendue, on dit qu'elle est en **extension**.

Flexion : c'est un mouvement qui consiste à plier un membre tout en diminuant l'angle de l'articulation (coude, genou). Par exemple, le fléchissement de l'avant-bras sur le bras.

Pronation : un mouvement de **pronation** est celui qui demande une rotation de l'avant-bras de l'extérieur vers l'intérieur, comme pour prendre quelque chose.

| Supination : | un mouvement de **supination** est une rotation de l'avant-bras de l'intérieur vers l'extérieur. La main est ouverte, la paume vers le haut, comme pour supplier quelqu'un. |

Positions diverses

Décubitus dorsal :	lorsque le client est couché sur le dos, bien à plat, la tête et les épaules sur un petit oreiller, il est en position de **décubitus dorsal** (synonyme : position de supination).
Décubitus latéral :	dans la position de **décubitus latéral**, le client est allongé sur le côté, les deux bras en avant. La jambe de dessous repose légèrement fléchie et la jambe de dessus est en flexion prononcée à la cuisse et au genou.
Décubitus ventral :	dans cette position, le client repose sur son abdomen, les jambes en extension et la tête tournée de côté.
Position de Fowler :	dans cette position, le tronc est à un angle de 45 à 60 degrés par rapport à l'horizontale. Les genoux peuvent être fléchis ou non. Le client est en position de **Fowler haute** quand l'angle de la tête de lit est supérieur à 60 degrés.
Position semi-Fowler :	cette position implique que la tête du client est soulevée de 25 à 30 degrés et que les genoux sont légèrement fléchis. On l'appelle aussi **position Fowler basse**.
Position de Sims :	on l'appelle également **semi-latérale**. Le client est couché sur un côté, mais un avant-bras est placé derrière lui et le haut de l'autre bras est fléchi à l'épaule et au coude, devant lui. Les jambes sont également fléchies en avant. Le poids du corps porte sur l'ilion antérieur, sur l'humérus et la clavicule.

Manifestations de douleur

Céphalée :

c'est une douleur projetée au niveau du crâne. En termes simples, c'est un mal de tête (N.B. Il faut en préciser la localisation).

Douleur constante :

on dit qu'une douleur est **constante** ou **persistante** lorsqu'elle n'est pas soulagée par la prise de médicaments analgésiques.

Douleur irradiante :

elle peut se propager à d'autres régions que celle d'où elle origine. Par exemple, lorsque le client se plaint de douleur au thorax et qu'il a mal en même temps au bras gauche, on dit qu'il présente une douleur **qui irradie** ou **irradiante** (N.B. Il faut préciser l'endroit de l'irradiation).

Douleur lancinante :

elle se fait sentir par élancements aigus.

Douleur pulsative :

elle est perçue en relation avec les pulsations artérielles. Le client ressent la douleur comme les battements du pouls.

Douleur sévère :

elle est ressentie avec une grande intensité. Le client la décrit comme **forte**.

Douleur soudaine :

elle est vivement ressentie, alors qu'on ne s'y attend pas. Elle survient spontanément.

Douleur sous forme de brûlure :

le client la décrit comme s'il éprouvait une sensation de brûlure.

Manifestations respiratoires

Apnée : c'est un arrêt plus ou moins prolongé de la respiration. La personne cesse de respirer pendant une période de temps plus ou moins longue (N.B. Il faut en mesurer la durée).

Bradypnée : c'est un ralentissement de la respiration. Quand le client a une fréquence respiratoire inférieure à 10 par minute, il présente de la **bradypnée** (N.B. Il faut préciser la fréquence).

Dyspnée : c'est la sensation subjective de gêne respiratoire. Le client a de la difficulté à respirer.

Hyperpnée : c'est l'exagération de l'amplitude des mouvements respiratoires. La respiration est très profonde.

Orthopnée : c'est une respiration difficile en position couchée, obligeant la personne à s'asseoir ou à rester debout.

Polypnée : c'est l'accélération des mouvements respiratoires au-delà de 24 par minute. On peut également utiliser le terme **tachypnée** (N.B. Il faut préciser la fréquence).

Respiration Cheyne-Stokes : elle est caractérisée par une dyspnée croissante et décroissante alternant avec des périodes d'apnée. L'amplitude respiratoire augmente progressivement jusqu'à devenir très profonde, puis elle diminue graduellement pour redevenir superficielle. Cette séquence est suivie d'un arrêt de la respiration avant de recommencer son cycle.

Respiration haletante :	elle est saccadée, comme quand on est essoufflé et hors d'haleine. Après une activité physique intense, quand on cherche à retrouver son souffle, on a une respiration **haletante**.
Respiration Kussmaul :	elle est caractérisée par une longue inspiration suivie d'une pause avant une expiration brève. Elle est aussi suivie d'une pause avant de recommencer son cycle.
Respiration profonde :	c'est une respiration de grande amplitude. Le volume d'air introduit dans les poumons est augmenté.
Respiration stertoreuse :	elle est caractérisée par un ronflement bruyant à l'inspiration et à l'expiration.
Respiration superficielle :	l'amplitude des mouvements respiratoires est diminuée. La respiration est peu profonde puisque le volume d'air inspiré et expiré est moindre qu'à l'état normal.
Sécrétions aqueuses :	la description des expectorations se base sur leur aspect. Si elles sont claires et transparentes, sans couleur et de consistance liquide, elles sont **aqueuses** et **fluides**. C'est le type de sécrétions qu'on observe quand on a le rhume et qu'on se mouche fréquemment. Elles ont l'aspect de l'eau.
Sécrétions épaisses :	des sécrétions **épaisses** rappellent l'aspect du mucus et sont opaques, de consistance ferme et compacte (synonyme : **sécrétions muqueuses**).

N.B. Il est important de préciser la couleur des sécrétions expectorées. Elles peuvent être blanchâtres, brunâtres, de couleur rouille, jaunâtres, noirâtres, rosées, verdâtres.

Tirage :	c'est une dépression de la paroi thoracique qui se produit à l'inspiration quand l'entrée de l'air dans les poumons est empêchée. On voit un creux se former entre les côtes quand le client inspire (N.B. Il faut préciser la localisation).
Toux grasse :	la toux provoque une expectoration abondante de sécrétions. Elle est qualifiée de **productive** quand le client réussit à cracher après avoir toussé.
Toux quinteuse :	elle se caractérise par une inspiration suivie de secousses expiratoires. La personne tousse à plusieurs reprises après n'avoir pris qu'une seule inspiration.
Toux rauque :	elle est plus ou moins éteinte, enrouée, un peu comme lorsqu'on a une extinction de voix après une laryngite. On utilise souvent l'expression **avoir une toux creuse** pour désigner une **toux rauque.**
Toux sèche :	elle ne produit pas d'expectoration. La personne tousse mais cela n'amène pas de sécrétions à la bouche.
Wheezing :	c'est un bruit respiratoire entendu comme un sifflement, signe d'une obstruction au passage de l'air. Ce sifflement ressemble un peu au bruit du vent un soir de tempête.

Manifestations touchant la fonction digestive

Vomissement alimentaire :	il contient des particules d'aliments non digérés facilement identifiables.
	Habituellement, le client vomit peu de temps après le repas.

158

Vomissement bilieux :	la personne vomit un liquide épais et visqueux, d'une couleur allant du jaune au brun ou vert, laissant un goût âcre dans la bouche.
Vomissement en jet :	il est subi et se produit en fusée. Il n'est pas précédé de nausées. Il survient sans avertissement et l'expulsion du contenu de l'estomac se produit avec plus de force que dans un vomissement ordinaire où il y a des nausées.
Vomissement fécaloïde :	il est formé d'un liquide brunâtre, d'odeur fétide et mélangé de matières fécales.

Manifestations cutanées

Cyanose :	c'est une coloration bleuâtre de la peau. Les téguments perdent leur teinte normale pour devenir bleutés.
Diaphorèse :	c'est l'abondance de la transpiration.
Ecchymose :	c'est une tache tantôt noire, tantôt brune, devenant verdâtre puis jaunâtre, qui résulte de l'infiltration du sang dans les tissus. Elle disparaît après quelques jours.
Faciès pâle :	c'est l'expression utilisée pour décrire un visage qui a perdu sa couleur vive, qui n'a pas sa coloration habituelle.
Macule :	c'est une tache rouge de la peau, de dimensions variables, mais qui ne fait pas saillie. Elle ne se présente pas soulevée comme la pustule et la vésicule.
Œdème :	c'est l'accumulation de liquide dans le compartiment interstitiel d'un tissu. Comme le liquide s'accumule entre les cellules et les fibres, cela amène un gonflement observable et donne un aspect lisse à la peau. On utilise l'adjectif **œdémateux** pour désigner un membre présentant de l'œdème.
Œdème à godet :	type d'œdème où l'empreinte du doigt reste imprégnée quelques secondes sur une partie du corps œdémateuse.

159

Papule :	c'est une élévation de la peau, de forme variable, dont les dimensions vont d'un petit point à la grosseur d'une lentille. Elle ne renferme pas de liquide.
Pétéchies :	ce sont de très petites taches de couleur rouge violacé, de la dimension d'une tête d'épingle et ne faisant pas saillie à la surface de la peau. Elles résultent d'une hémorragie cutanée.
Phlyctène :	c'est l'accumulation de liquide transparent dans une bulle au niveau de l'épiderme. Dans le langage commun, on dit que c'est une **ampoule**.
Prurit :	c'est une sensation de démangeaison vive amenant la personne à se gratter.
Pustule :	c'est un soulèvement de la peau, hémisphérique et parfois douloureux, contenant un liquide purulent. Un bouton d'acné est un exemple de **pustule**.
Teint ictérique :	c'est la coloration jaune des téguments, que ce soit prononcé ou non.
Teint terreux :	il rappelle la couleur de la terre glaise. La personne a un faciès grisâtre et pâle.
Vésicule :	c'est un petit soulèvement de la peau qui contient un liquide séreux, c'est-à-dire jaunâtre et transparent. Elle est beaucoup plus petite qu'une phlyctène.

Manifestations touchant les fonctions d'élimination

Flatulence :	gonflement de l'abdomen par des gaz intestinaux. Le client a le ventre distendu comme un ballon.
Incontinence urinaire ou fécale :	c'est l'incapacité pour la personne de retenir ses urines ou ses selles.
Selles pâteuses :	des selles diarrhéiques sont liquides. Cependant, des selles **pâteuses** ont une consistance plutôt molle, intermédiaire entre le liquide et le solide.

160

Types de pulsation

Bradycardie : c'est le ralentissement de la fréquence cardiaque en dessous de 60 battements à la minute. Le terme **bradycardie** ne dit pas qu'elle est la fréquence cardiaque exacte. Il faut donc la préciser.

Pouls bondissant : il se caractérise par une amplitude exagérée et est perçu fortement.

Pouls filant : il donne l'impression d'un fil en vibration ; son amplitude est faible.

Pouls irrégulier : c'est lorsque les battements cardiaques se succèdent à intervalles inégaux. L'espace entre chaque pulsation perçue n'est pas de la même longueur.

Pouls régulier : la pulsation est régulière lorsque les battements cardiaques sont perçus avec régularité pendant une certaine période.

Tachycardie : c'est l'accélération des battements cardiaques au-dessus de 100 par minute, indépendamment de la régularité du rythme. Comme pour la bradycardie, on doit préciser la fréquence exacte.

Localisation des manifestations observées

Lorsqu'elle procède à l'examen physique, l'infirmière recueille des données par l'inspection, l'auscultation, la percussion et la palpation. Comme il est important de localiser certaines manifestations, qu'elles soient objectives ou subjectives, voici une liste de mots permettant de les situer précisément. Même si elle n'est pas complète, elle est suffisamment détaillée pour que vous puissiez vous en servir pour compléter la description d'une céphalée, d'une douleur, d'une plaie, d'une ecchymose, d'une éruption cutanée, etc.

TÊTE Arcade sourcilière droite, gauche
Joue droite, gauche
Menton
Narine droite, gauche
Oreille (lobe, pavillon, tragus) droite, gauche
Région frontale, temporale droite ou gauche, pariétale, occipitale, rétro-orbitaire

161

BOUCHE	Gencive inférieure, supérieure
	Langue, partie antérieure, postérieure, latérale droite, gauche
	Lèvre inférieure, supérieure
	Muqueuse buccale, côté droit, gauche
	Palais
	Région sublinguale
COU	Nuque
	Région cervicale antérieure
	Région latérale droite, gauche
THORAX	Région sternale, sus-sternale, sous-sternale,
	intercostale, sous-costale, sus-claviculaire
	Thorax inférieur, supérieur, droit, gauche
POUMONS	Lobe inférieur, moyen, supérieur droit
	Lobe inférieur, supérieur gauche
DOS	Entre les omoplates
	Omoplate droite, gauche
	Région lombaire
BRAS	Aisselle (ou creux axillaire)
	Avant-bras droit, gauche
	Épaule droite, gauche
	Pli du coude
	Poignet
	Tiers inférieur, moyen, supérieur
MAIN	Dessus de la main
	Doigts (préciser lequel ou lesquels)
	Espaces interdigitaux
	Ongle
	Paume
ABDOMEN	Épigastre
	Flanc droit, gauche
	Fosse iliaque (ou région inguinale) droite, gauche
	Hypocondre droit, gauche
	Région ombilicale
	Région suspubienne

BASSIN	Hanche droite, gauche Pli inguinal droit, gauche
SIÈGE	Fesse droite, gauche Pli interfessier Région coccygienne Région périanale Région périnéale
CUISSE	Face antérieure, postérieure, latérale droite ou gauche Tiers inférieur, moyen, supérieur
GENOU	Creux poplité Face antérieure Face latérale interne, externe
JAMBE	Cheville droite, gauche Face antérieure Mollet droit, gauche Tiers inférieur, moyen, supérieur
PIED	Dessus du pied Espaces entre les orteils Malléole externe, interne Orteils (préciser lequel ou lesquels) Plante Talon droit, gauche
POULS	Apical Brachial Carotidien Fémoral Pédieux Poplité Radial Tibial

ANNEXES

ANNEXE 1 - **1. Observations de l'infirmière** Sur la feuille d'OBSERVATIONS, l'infirmière inscrit des notes concernant la condition globale du client, les interventions de soins qu'elle pose et les résultats qu'elle constate. La présentation de cette feuille peut varier selon les milieux et la méthode d'organisation des observations utilisée.

OBSERVATIONS DE L'INFIRMIÈRE

DATE			HEURE	INTERVENTIONS, OBSERVATIONS, SIGNATURES
A	M.	D	:	
			:	
			:	
			:	
			:	
			:	
			:	
			:	
			:	
			:	
			:	
			:	
			:	
			:	
			:	
			:	
			:	
			:	
			:	
			:	
			:	
			:	
			:	
			:	

OBSERVATIONS DE L'INFIRMIERE   Suite au verso

2. Paramètres fondamentaux On y inscrit les valeurs des signes vitaux. Dans d'autres milieux, les mêmes données sont représentées sous forme graphique. La masse et la taille, ainsi que l'évaluation quotidienne des fonctions d'élimination y sont également ajoutées.

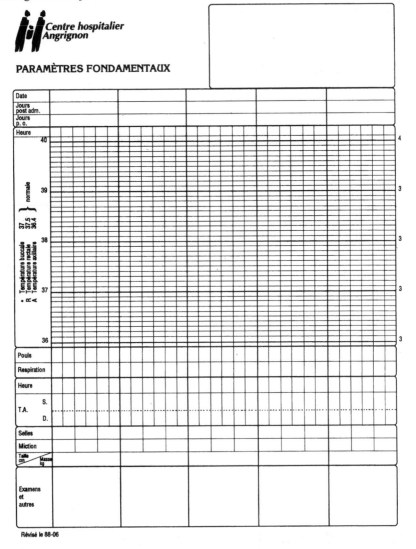

3. Paramètres supplémentaires Ces deux feuilles sont complétées par l'infirmière. Selon l'état de santé du client, elle y enregistre les éléments qu'elle doit évaluer plus spécifiquement et plus fréquemment : signes vitaux q. 15 min par exemple, glycémie capillaire, décompte des selles, etc.

Centre hospitalier
Angrignon
Pavillon Verdun.

PARAMÈTRES SUPPLÉMENTAIRES

DATE	HEURE					

620 00323

**Centre hospitalier
Angrignon**
Pavillon Verdun

Paramètres supplémentaires

DATE	HEURE	GLUCOM.	T. ART.	POULS	RESP.	TEMP.	POIDS						
			SIGNES VITAUX				TAILLE HB HT				AUTRES		

4. Ordonnances du médecin Le médecin prescrit les médicaments sur cette feuille d'ORDONNANCES, laquelle est acheminée au service de la pharmacie où l'on voit à remplir la prescription. À l'occasion, l'infirmière peut être appelée à y noter une ordonnance téléphonique.

Centre hospitalier
Angrignon
Pavillon Verdun

Ordonnances du médecin

LE CENTRE N'EST PAS RESPONSABLE DES PRESCRIPTIONS NON SIGNÉES

PRIX	NO 4	
PRIX	NO 3	
PRIX	NO 2	
PRIX	NO 1	

REMPLI PAR VÉRIFIÉ PAR PRESCRIT PAR M.D. DATE

620 04087

171

5. Ordonnances du médecin Cette seconde feuille d'ORDONNANCES contient toutes les prescriptions médicales à l'exception des médicaments. Par exemple, les examens de laboratoire, de radiologie, de médecine nucléaire, les solutés, les demandes de consultation médicale, etc. À l'occasion, l'infirmière peut être appelée à y noter une ordonnance téléphonique.

Centre hospitalier
Angrignon
Pavillon Verdun

DATE	L'hopital n'est pas responsable des prescriptions non signées.

620-00299   ORDONNANCES DU MÉDECIN

6. Notes d'évolution La feuille de NOTES D'ÉVOLUTION est complétée par le médecin. Il y consigne ses observations sur la condition clinique du client, montrant ainsi l'évolution globale de la maladie et des effets des traitements médicaux.

NOTES D'ÉVOLUTION

NOM DE L'ÉTABLISSEMENT _____

DATE			NOTES ET SIGNATURES
a	m.	d	

AH-253-4 (rev. 87-12)

NOTES D'ÉVOLUTION

7. Observation médicale - Anamnèse Cette feuille est remplie par le médecin. Il y note les informations concernant l'histoire médicale du client : problème actuel, antécédents médicaux personnels et familiaux. Les données sont organisées selon les systèmes biologiques.

OBSERVATION MÉDICALE
ANAMNÈSE

Nom de l'établissement _____

Date de l'examen _____
(a   m   d)

Heure de l'examen _____

Raison d'admission :

Histoire de la maladie actuelle :

Antécédents familiaux :

Antécédents personnels :

Habitudes :

Allergies médicamenteuses et autres :

Corticothérapie actuelle : ☐ oui ☐ non
Si oui, spécifier :

AH-254-5 (rev. 87-12)

OBSERVATION MÉDICALE
ANAMNÈSE

VERSO ⟶

174

Système nerveux:

BILAN DES FONCTIONS

Sphère O.R.L.O.:

Appareil respiratoire:

Appareil circulatoire:

Tube digestif:

Appareil urinaire:

Appareil génital: .... pare ....geste   Date des dernières menstruations:

Appareil locomoteur:

Glandes endocrines:

Téguments:

État psychique:

_____
Signature

175

8. Observation médicale - Examen physique Quand le médecin procède à une évaluation physique du client, par inspection, auscultation, percussion, palpation, il inscrit les informations recueillies sur la feuille d'EXAMEN PHYSIQUE. Les données sont organisées selon les parties du corps.

OBSERVATION MÉDICALE
EXAMEN PHYSIQUE

Nom de l'établissement _____

_____
a   m.   d
Date de l'examen _____

Heure de l'examen _____

EXAMEN PHYSIQUE

Taille :   Masse :   T.A. :   Pouls :   Respiration :

Apparence générale :

Téguments :

Tête (cuir chevelu, yeux, O.R.L.) :

Cou :

Thorax et poumons :

Seins :

Coeur :

Abdomen:

Organes génito-urinaires:

Toucher rectal:

Colonne et membres:

Examen neurologique:

Impression diagnostique:

Signature _____

177

9. Inhalothérapie Quand le client reçoit des traitements respiratoires, l'inhalothérapeute consigne ses observations de la condition respiratoire sur cette feuille.

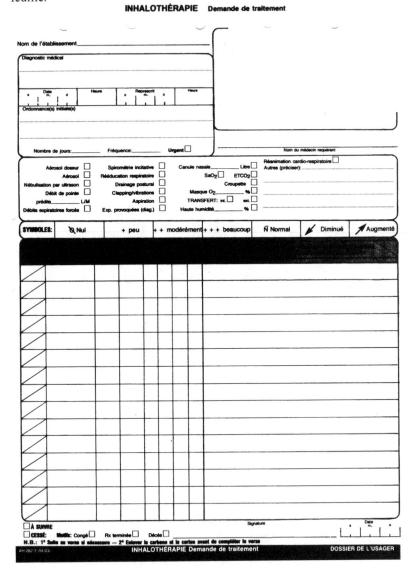

10. Nutrition clinique La diététiste utilise cette feuille pour y noter ses remarques concernant la diète du client.

**Centre hospitalier
Angrignon**
Pavillon Verdun

Nutrition clinique
notes d'évolution

NUTRITION CLINIQUE

179

11. Consultation médicale Quand le médecin traitant a besoin de l'opinion d'un ou d'une collègue spécialiste à propos d'un aspect précis de la maladie du client, il en fait la demande sur cette feuille. Le médecin consulté y détaille son évaluation spécifique et y fait ses suggestions.

URGENT : ☐ Oui ☐ Non   **CONSULTATION MÉDICALE**

Nom de l'établissement

Consultant/service

Requérant

☐ Consultation   ☐ Consultation et soins simultanés
☐ Consultation et prise en charge   ☐ Consultation Pré-op

a   m.   d

Date   Heure   Signature du médecin traitant et n° permis

Avis transmis à _____ par : _____   a m. d   Date   Heure

RÉPONSE DU MÉDECIN CONSULTANT

Si la réponse est dictée, le médecin consultant doit consigner, dans les notes d'évolution, son opinion diagnostique et les recommandations qui sont nécessaires, de façon immédiate, pour le médecin traitant.

SI L'ESPACE EST INSUFFISANT, utiliser le formulaire AH-600-6 ou AH-601-2 « Suite de rapport ».

a   m.   d

Date   Heure   Signature du médecin consultant et n° permis

CONSULTATION MÉDICALE   DOSSIER DE L'USAGER

12. Requête de services professionnels Selon les milieux, cette feuille peut être utilisée quand l'état du client requiert des services professionnels particuliers : service social, évaluation en orthophonie ou en audiologie, service de soins palliatifs, etc.

N.B. COMPLÉTER UNE REQUÊTE PAR SERVICE

REQUÊTE DE SERVICES PROFESSIONNELS

SERVICES PROFESSIONNELS

Art dentaire ☐		Physiothérapie ☐	
Audiologie ☐		Psychologie ☐	
Diétothérapie ☐		Podiâtrie ☐	
Ergothérapie ☐		Service social ☐	
Orthophonie ☐		Soins infirmiers ☐	
Pharmacie ☐		Autre_____	

N° de dossier   Date d'admission

Demande d'opinion ☐   Demande d'intervention ☐   URGENT oui ☐   non ☐

DIAGNOSTICS PERTINENTS

RENSEIGNEMENTS UTILES ET MOTIFS DE LA REQUÊTE

Signature du médecin traitant ou requérant   Date a   m.   d   Heure

RÉPONSE DU PROFESSIONNEL

Date a   m.   d   (Si la réponse est dictée, le professionnel doit inscrire immédiatement son opinion et ses recommandations)

Signature du professionnel   Date a   m.   d   Heure

REQUÊTE DE SERVICES PROFESSIONNELS   DOSSIER DU BÉNÉFICIAIRE

Annexe II

Évaluation initiale - Soins infirmiers Cette feuille d'ÉVALUATION est complétée par l'infirmière. Elle y consigne les informations recueillies auprès du client et de son entourage (famille, proches) lors de l'admission au centre hospitalier. Ces données initiales contribuent à établir un profil global du client.

Centre hospitalier de soins de courte durée

ÉVALUATION INITIALE SOINS INFIRMIERS

1- DONNÉES PRÉLIMINAIRES

ARRIVÉE	a	m.	d	heure :	sur pied ☐ Autre :
	seul(e) ☐ accompagné(e) de :				
LANGUE	parlée		comprise		
RELIGION	Catholique ☐ Protestante ☐ Autre :				
PERSONNES À JOINDRE	Nom		Lien de parenté		
	Tél. trav. ( )		rés. ( )		
	Nom		Lien de parenté		
	Tél. trav. ( )		rés. ( )		

Raison de l'hospitalisation (selon bénéficiaire)

Aspect général (comportement et apparence, variation de masse...)

Pouls	T.A.	t (°C)	Resp	Taille (m)	Masse (kg)	Droitier ☐ Gaucher ☐

2- PROBLÈMES DE SANTÉ

	ALTÉRATIONS NOTÉES	SPÉCIFICATIONS
Respiration (voies, caractéristiques, difficultés associées...)	non ☐ oui ☐	
Digestion (voie d'alimentation, mastication, déglutition, appétit...)	non ☐ oui ☐	
Élimination (voies, caractéristiques, contrôle...)	non ☐ oui ☐	
Peau/Phanères (intégrité, apparence, température...)	non ☐ oui ☐	
Mobilisation (intégrité, endurance, confort...)	non ☐ oui ☐	
Cognition/Perception (sens, langage, écriture, mémoire, concentration, orientation, jugement...)	non ☐ oui ☐	
Sommeil (qualité, durée...)	non ☐ oui ☐	
Sexualité/Reproduction (intégrité...)	non ☐ oui ☐	

Autre problème de santé et traitement préhospitalisation : non ☐ oui ☐ spécifier :

Allergie connue, médicamenteuse ou autre : non ☐ oui ☐ spécifier nature et réactions :

Diète spéciale : non ☐ oui ☐ spécifier

MÉDICATION

Nom	Posologie	Utilisation connue	Nom	Posologie	Utilisation connue

AH-410-9 (rev. 95-03)

ÉVALUATION INITIALE – SOINS INFIRMIERS

3- HABITUDES DE VIE

Alimentation
(groupes alimentaires, graisses, sucres...)

Activités physiques
(sport, exercices...)

Hygiène
(peau, cheveux, ongles, dents...)

Tabac/Alcool/Drogue

Travail/loisirs/occupations

Spiritualité
(valeurs, croyances, pratique...)

4- ENVIRONNEMENT
Réseau de support social

Milieu de travail (agents agresseurs : psychologiques/physiques/chimiques...)

Milieu de vie (favorable, défavorable)

Événements significatif (conflits familiaux; difficultés économiques, deuil; perte d'emploi; rupture...)

5- ADAPTATION AU STRESS
Hospitalisation antérieure : non ☐ oui ☐ (réactions, attente, répercussion...)

Hospitalisation et état de santé actuels : (réaction, attente, répercussion...)

Moyens utilisés pour réduire le stress

6- ANALYSE ET SYNTHESE

_____
Signature de l'infirmière

a	m.	d

Date

Annexe III - Formule de consentement Le client, ou une personne autorisée, donne son approbation écrite à une intervention chirurgicale, une anesthésie, un examen diagnostic particulier sur cette feuille de CONSENTEMENT. De même, il peut y signifier son refus de subir un traitement ou un examen, ou son intention de quitter l'établissement de santé contre l'avis de son médecin traitant.

FORMULE DE CONSENTEMENT
(C.H.) (C.L.S.C.)

1.	Consentement général
2.	Consentement à une intervention chirurgicale
3.	Consentement à une intervention chirurgicale stérilisante
4.	Consentement à l'anesthésie
5A, 5B.	Consentement à des examens ou traitements particuliers
6A, 6B.	Refus de subir un examen ou un traitement particulier
7.	Départ sans congé

N.B. : *On doit s'assurer que les signataires de cette formule sont autorisés à le faire conformément aux textes législatifs en vigueur. Et le cas échéant, prière de mentionner à quel titre (curateur ou titulaire de l'autorité parentale) la personne est autorisée à signer.*

1- CONSENTEMENT GENERAL *(à remplir à l'admission)*

Nom de l'établissement
J'autorise les médecins, les dentistes et les membres du personnel traitant à me dispenser les soins ou services nécessaires. De plus, j'autorise l'établissement ainsi que les médecins, les dentistes et les membres du personnel traitant à fournir au ministère de la Santé et des Services sociaux les renseignements nécessaires sur la présente hospitalisation, et à la Régie de l'assurance-maladie du Québec, les renseignements nécessaires pour exercer les recours prévus à l'article 10 de la Loi sur l'assurance-hospitalisation ou, à l'article 78 de la Loi sur les services de santé et les services sociaux et modifiant diverses dispositions législatives et à l'article 151 de la Loi sur les services de santé et les services sociaux pour les autochtones, cris et inuits. Les renseignements transmis au MSSS et à la RAMQ sont régis par la Loi sur l'accès aux documents des organismes publics et sur la protection des renseignements personnels et par la Loi sur l'assurance-maladie.

Date a m. d	Signataire : usager ou personne autorisée	Témoin à la signature

2- CONSENTEMENT A UNE INTERVENTION CHIRURGICALE

J'autorise le docteur _____ à pratiquer l'intervention chirurgicale qui comprend la

ou les opérations indiquées ci-après. _____
Spécifier type d'intervention

Je reconnais avoir été informé-e de la nature et des risques ou effets possibles de l'intervention indiquée ci-dessus.
J'autorise toute autre opération non prévisible mais qui s'avèrerait nécessaire lors de cette intervention chirurgicale et pour laquelle il serait alors impossible d'obtenir mon consentement.
J'autorise également l'établissement à disposer des tissus ou organes prélevés.

Date a m. d	Signataire : usager ou personne autorisée	Témoin à la signature
Date a m. d	* Contresignataire : médecin ou dentiste responsable de l'intervention	Témoin à la signature

3- CONSENTEMENT A UNE INTERVENTION CHIRURGICALE STERILISANTE

J'autorise le docteur _____ à pratiquer l'intervention chirurgicale qui comprend la

ou les opérations indiquées ci-après. _____
Spécifier type d'intervention

Je reconnais avoir été informé-e de la nature et des risques ou effets possibles de l'intervention indiquée ci-dessus.
Je reconnais que la nature de l'intervention proposée et les conséquences qu'elle comporte m'ont été expliquées par le

docteur _____ et qu'elle est faite dans le but de me rendre stérile. Toutefois, j'ai été informé-e que cette intervention n'assure pas la stérilité dans tous les cas et aucune garantie en ce sens ne m'a été donnée. Je reconnais que si cette intervention chirurgicale réussit, il en résultera pour moi une stérilisation permanente et qu'il me sera donc impossible d'engendrer ou de concevoir un enfant.
J'autorise toute autre opération non prévisible mais qui s'avèrerait nécessaire lors de cette intervention chirurgicale et pour laquelle il serait alors impossible d'obtenir mon consentement.
J'autorise également l'établissement à disposer des tissus ou organes prélevés.

Date a m. d	Signataire : usager ou personne autorisée	Témoin à la signature
Date a m. d	* Contresignataire : médecin ou dentiste responsable de l'intervention	Témoin à la signature

4- CONSENTEMENT A L'ANESTHÉSIE

Je consent à ce que, à l'occasion de _____

me soit administrée une anesthésie générale ou _____

par le docteur _____ ou un autre médecin de l'établissement ayant des privilèges en anesthésie.
Je reconnais avoir été informé-e de la nature et des risques ou effets possibles de cette anesthésie.

Date a m. d	Signataire : usager ou personne autorisée	Témoin à la signature
Date a m. d	* Contresignataire : médecin ou dentiste responsable de l'anesthésie	Témoin à la signature

* Par sa signature, le contresignataire marque son engagement solidaire avec le contenu du document

FORMULE DE CONSENTEMENT (C.H.) (C.L.S.C.)

5A- CONSENTEMENT A DES EXAMENS OU TRAITEMENTS PARTICULIERS

J'autorise le docteur _____ à me faire subir l'examen

ou le traitement suivant : _____
Description de l'examen ou du traitement

Le nombre de traitements de SISMOTHÉRAPIE autorisé, le cas échéant, est de _____ à _____ .

Je reconnais que le médecin ou dentiste traitant m'a expliqué la nature et les risques ou effets possibles de cet examen ou traitement.

Date a	m.	d	Signature : usager ou personne autorisée	Témoin à la signature

6A- REFUS DE SUBIR UN EXAMEN OU UN TRAITEMENT PARTICULIER

Je refuse de subir l'examen ou le traitement suivant : _____

_____
Description de l'examen ou du traitement

Cet examen ou ce traitement m'a été recommandé par : _____
Nom du médecin ou du dentiste responsable

Je reconnais avoir été informé des risques ou des conséquences que peut entraîner mon refus de subir l'examen ou le traitement qui m'a été recommandé.

Date a	m.	d	Signature : usager ou personne autorisée	Témoin à la signature

5B- CONSENTEMENT A DES EXAMENS OU TRAITEMENTS PARTICULIERS

J'autorise le docteur _____ à me faire subir l'examen

ou le traitement suivant : _____
Description de l'examen ou du traitement

Le nombre de traitements de SISMOTHÉRAPIE autorisé, le cas échéant, est de _____ à _____ .

Je reconnais que le médecin ou dentiste traitant m'a expliqué la nature et les risques ou effets possibles de cet examen ou traitement.

Date a	m.	d	Signature : usager ou personne autorisée	Témoin à la signature

6B- REFUS DE SUBIR UN EXAMEN OU UN TRAITEMENT PARTICULIER

Je refuse de subir l'examen ou le traitement suivant : _____

_____
Description de l'examen ou du traitement

Cet examen ou ce traitement m'a été recommandé par : _____
Nom du médecin ou du dentiste responsable

Je reconnais avoir été informé des risques ou des conséquences que peut entraîner mon refus de subir l'examen ou le traitement qui m'a été recommandé.

Date a	m.	d	Signature : usager ou personne autorisée	Témoin à la signature

7- DEPART SANS CONGE

Je déclare quitter cet établissement de ma propre initiative, sur ma demande et contre l'avis des médecins ou dentistes traitants;
je dégage donc l'établissement, son personnel et les médecins ou dentistes traitants de toute responsabilité découlant d'un tel départ.

Date a	m.	d	Signature : usager ou personne autorisée	Témoin à la signature

185

ANNEXE IV

Liste des abréviations et symboles

Loin d'être exhaustive, cette liste est constituée d'abréviations et de symboles acceptables pour rédiger des notes d'observation au dossier du client. Leur utilisation est reconnue dans la mesure où il n'y a pas d'ambiguïté possible. Les expressions latines sont mises entre parenthèses.

Unités de mesure

Les abréviations et symboles des unités de mesure ne sont jamais suivis d'un point, sauf si c'est le point final d'une phrase. Ils ne prennent pas la marque du pluriel.

Calorie	cal
Centigramme	cg
Centimètre	cm
Degré Celsius	°C
Gramme	g
Heure	h
Kilogramme	kg
Kilojoule	kJ
Litre	l ou L (L est admis s'il y a risque de confusion entre la lettre l et le chiffre 1)
Livre	lb
Mètre	m
Microgramme	mcg ou µ g
Milliéquivalent	mEq
Milligramme	mg
Millilitre	ml
Millimètre	mm
Millimole	mmol
Minute	min
Seconde	s

Tiré de : CAJOLET-LAGANIÈRE, Hélène et Noëlle GUILLOTON. *Le français au bureau*, Québec, Les Publications du Québec, 2000, 503 p.

RAMAT, Aurel. Le Ramat de la typographie, Saint-Lambert, Aurel Ramat éditeur, 1999, 191 p.

Moment et fréquence d'administration des médicaments

À volonté (*ad libitum*)	ad lib
Au besoin (*pro re nata*)	PRN ou p.r.n.
Au coucher (*hora somni*)	h.s.
Après-midi (*post meridiem*)	p.m.
Après les repas (*post cibum*)	p.c.
Avant-midi (*ante meridiem*)	a.m.
Avant les repas (*ante cibum*)	a.c.
Chaque (*quaque*)	q.
Chaque jour (*quaque die*)	q.d.
Chaque heure (*quaque hora*)	q.h.
Chaque 2 heures (*quaque 2 hora*)	q. 2 h.
Chaque 3 heures (*quaque 3 hora*)	q. 3 h.
Chaque 4 heures (*quaque 4 hora*)	q. 4 h.
Deux fois par jour (*bis in die*)	b.i.d.
Immédiatement (*statim*)	stat.
Quatre fois par jour (*quater in die*)	q.i.d.
Trois fois par jour (*ter in die*)	t.i.d.
Une fois par jour (*die*)	die

Présentation des médicaments

Capsule (*capsula*)	caps.
Collyre (*collyrium*)	coll.
Comprimé	co.
Élixir (*elixir*)	elix.
Gélule	gél.
Goutte *(guttae)*	gtt.
Liquide	liq.
Lotion	lot.
Onguent (*unguentum*)	ung.
Pastille	past.
Suppositoire	supp.
Suspension	susp.

Voies d'administration des médicaments

Inhalation	inhal.
Instillation	instill.
Intradermique	I.D.
Intramusculaire	I.M.
Intrarectal	I.R.
Intravaginal	intravag.
Intraveineux	I.V.
Irrigation	irrig.
Œil droit (*oculus dexter*)	O.D.
Œil gauche (*oculus sinister,*	O.S.
oculus laevus)	O.L.
Oreille droite (*auris dextra*)	a.d.
Oreille gauche (*auris sinistra,*	a.s.
auris laeva)	a.l.
Oreilles, les deux (*auris uterque*)	a.u.
Par la bouche (*per os*)	p.o. ou PO
Sous-cutané	S.C.
Sublingual	S.L.
Topique	top.
Yeux, les deux (*oculus uterque)*	O.U.

Termes couramment utilisés

Abdominal, abdomen	abd.
Admission	adm.
Ampoule	amp.
Diagnostic	Dx
Droit	dr.
Douleur rétrosternale	DRS
Électrocardiogramme	ECG
Électroencéphalogramme	EEG
Formule sanguine complète	FSC
Gauche	gche
Glycémie	glyc.
Hémoglobine - Hématocrite	Hb Ht
Injection	inj.
Irrégulier	irrég.
Jusqu'à	ad
Liquide céphalo-rachidien	LCR
Membres inférieurs	m.i.

Membres supérieurs	m.s.
Pansement	pans.
Pouls	P ou pls
Prémédication	préméd.
Pression artérielle	P.A.
Postopératoire	postop.
Radiographie (Rayons-X)	R-X
Régulier	rég.
Respiration	R
Salle d'opération	s. op.
Signes vitaux	S.V.
Température	T°
Vaginal	vag.

N.B. Tous les symboles chimiques sont acceptables.

Autres abréviations utiles

C'est-à-dire	c.-à-d.
Environ	env.
Exemple	ex.
Maximum	max.
Minimum	min.
Nombre	nbre ou nb
Numéro	N° ou n°
Par exemple	p. ex.
Quantité	quant.
Quelque	qq
Quelque chose	qqch.
Quelquefois	qqf.
Quelqu'un	qqn
Question	quest. ou Q

On retiendra que, pour former une abréviation, les règles suivantes s'appliquent :

- *On supprime les lettres finales, toujours devant une voyelle. L'abréviation prend le point abréviatif, car sa dernière lettre n'est pas celle du mot entier.*

  hôp. (hôpital)   dép. (département)   auj. (aujourd'hui)

- *On supprime des lettres à l'intérieur du mot, surtout des voyelles. L'abréviation ne prend pas le point abréviatif, car sa dernière lettre est celle du mot entier.*

tjs (toujours)   jms (jamais)

Tiré de : CAJOLET-LAGANIÈRE, Hélène et Noëlle GUILLOTON, *Op. cit.*, p. 184-185.

RAMAT, Aurel. *Op. cit.,* p. 36.

Les abréviations ont leur utilité parce qu'elles facilitent la compréhension de ce qui est écrit. Elles doivent être comprises par tous. On ne doit pas en inventer dans le seul but de raccourcir le texte.

Symboles

Augmenté, levé	↑	Inférieur à (plus petit que)	<
Avec	c̄	Nombre	#
Différent de	≠	Nombre de fois	×
Degré d'angle	°	Pas de	ō
Égal ou inférieur à	≤	Plus ou moins	±
Égal ou supérieur à	≥	Presque, environ, approximativement	≈
Diminué, baissé	↓	Sans, absence de	ø
Femme	♀	Supérieur (plus grand que)	>
Homme	♂		

INDEX

Imprimé au Canada